Voilà! 1

GWEN BERWICK AND SYDNEY THORNE

Published in 2004 by:
Nelson Thornes Ltd
Delta Place
27 Bath Road
CHELTENHAM
GL53 7TH
United Kingdom

04 05 06 07 08 / 10 9 8 7 6 5 4 3 2 1

A catalogue record for this book is available from the British Library
ISBN 0 7487 7847 0

Illustrations by Melanie Sharp and Tony Forbes c/o Sylvie Poggio Artists Agency; Richard Morris; Ian Jackson; Angela Lumley; Mike Bastin; Stefan Chabluk; Harry Venning; Paul Gardiner; Dan Fletcher

Page make-up by eMC Design, www.emcdesign.org.uk

Printed and bound in Spain by Graficas Estella

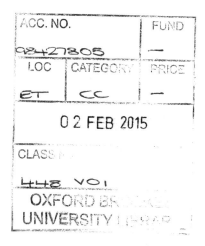

Welcome to Voilà!

- In Voilà!, you'll meet these four French teenagers:

Bonjour!
Je m'appelle Léa.
J'habite à Calais.

Bonjour!
Je m'appelle Romain.
J'habite à Albertville, dans les Alpes.

Bonjour! Moi, je m'appelle Amir. J'habite à Nice. Nice, c'est super!

Salut!
Je m'appelle Chloé.
J'habite dans un village en Bretagne.

Calais
Paris
la Bretagne
Albertville
les Alpes
Nice

- Most pages have the following features to help you:

Grammaire:
Examples of how you put French words together to make sentences.

A list of the key words and phrases you'll need to do the activities.

🗣💬 **Prononciation**
Practice of French sounds to improve your pronunciation and spelling.

Stratégies!
Tips to help you learn better and remember more.

💿 Activities in which you'll listen to French.

💬 Activities in which you'll practise speaking French with a partner.

📖 ✏️ Activities in which you'll practise reading and writing in French.

extra! Activities which provide an extra challenge – have a go!

- The *Sommaire* at the end of each unit lists the key words of the unit in French and English. Use it to look up any words you don't know!

Bonne chance!

Table des matières *Contents*

1 Bonjour!

1A Paris

- an introduction to Paris
- recognise masculine and feminine words

Le stade de France (capacité 80 000)

La tour Eiffel

Le shopping à Paris

La cathédrale Notre-Dame

Le musée du Louvre et la pyramide

Le métro

La Seine

Being a good language detective will help you learn French faster!

- How many French words on these pages can you understand?
- Can you find the two words on these pages that mean 'the'?

Stratégies!

Masculine and feminine nouns

In French, all nouns belong to one of two categories: 'masculine' and 'feminine'.

Le means 'the' with masculine nouns. *La* means 'the' with feminine nouns.

e.g. *le stade* – **the** stadium   *la tour* – **the** tower

1B Salut!

- meet people and say how you are
- use the alphabet
- learn how to pronounce *j*, é, è and ç

1 a ✪ Listen and read the sentences (photos A–C). Tell your teacher:

- how the French 'j' is pronounced
- which letters aren't pronounced.

1 b ✪ Écoute et répète.

Salut! Je m'appelle Chloé.

Le Camping du Lac, à 20 kilomètres de Paris

Salut! Je m'appelle Romain.

Bonjour. Comment t'appelles-tu?

Je m'appelle Amir. Et toi?

Je m'appelle Léa.

2 ✪ Écoute (1–4). C'est qui? Léa – Amir – Romain – Chloé?

Exemple: 1 Léa + Chloé.

3 a ✪ Écoute et lis la conversation (photos D–E).

3 b ✪ Écoute et répète.

🗣💬 **Prononciation**

ç: prononciation = 'ss'

Exemple: **Ça va?**

Oui, ça va bien. Et toi, Amir?

Salut, Léa. Ça va?

Bof! Ça va.

Et toi? Ça va, Romain?

Non, super ma Au revoir!

4 Stratégies! *Accents*

- Listen to your teacher saying the word *répète* (= repeat).
- How is *é* pronounced? • How is *è* pronounced?

The marks over the 'e' (called accents) are part of the spelling – you can't leave them out!

- How many words with these accents can you find on pages 6, 7 and 8? Write them carefully, then try to say them!

	comment t'appelles-tu?	ça va?	et toi?
bonjour! salut!	je m'appelle Romain	oui, ça va bien, merci bof! ça va non, super mal!	au revoir!

5 a Joue les trois (3) dialogues. Invente trois actions pour ces phrases:

- bof! ça va
- ça va bien, merci
- super mal!

Exemple: **super mal** =

A
- **A** Ça va?
- **B** *Oui, ça va bien, merci.*

B
- **A** Salut! Ça va?
- **B** *Non, super mal! Au revoir!*
- **A** Au revoir.

C
- **A** Salut. Comment t'appelles-tu?
- **B** *Je m'appelle Chloé.*
- **A** Ça va, Chloé?
- **B** *Bof! Ça va. Et toi Amir?*
- **A** Ça va bien, merci. Au revoir, Chloé.
- **B** *Au revoir, Amir.*

5 b ✏ Recopie et adapte le dialogue C.

6 a 💿 Écoute et répète le rap de l'alphabet.

6 b 💿 Écoute (1–5). Écris les noms.

Exemple: **1** Maryse

6 c 🗣 Prononciation

The letters 'a', 'i' and 'u' are usually pronounced as they are in the alphabet. So learning the alphabet helps you to know how to pronounce words correctly.

- How do you think these three words are pronounced?

Le rap de l'alphabet

A B C
D E F G
H I J K L M
N O P Q
R S T U
V W X
Y Z

la table   *le bic*   *le pull*

1C Où habites-tu?

- say where you live and spell out words
- say nationalities: masculine and feminine
- learn how to pronounce the silent 'h'

> Où habites-tu, Amir?

> J'habite à Nice.

1 💿 Écoute (1–13). Indique la ville.

2 💿 Écoute (1–4). Où habite Amir? Chloé? Romain? Et Léa?

Exemple: 1 Nice

🗣💬 **Prononciation:** 'h'

In French, 'h' isn't pronounced.

● Pronounce: *Où habites-tu?*

la France

> Lyon, ça s'écrit comment?

> L – Y – O – N.

l'Angleterre
Calais
Lille · la Belgique
le Luxembourg
l'Allemagne
la Seine
■ Paris
Strasbourg
St-Malo
le Rhin
la Loire
les Vosges
Tours
la Suisse
Nantes
la France
l'océan Atlantique
Lyon
Albertville
l'Italie
Bordeaux
le Massif Central
les Alpes
la Dordogne
le Rhône
la Garonne
200 km
Toulouse
Marseille
Nice
N
O — E
S
les Pyrénées
la mer Méditerranée
la Corse
l'Espagne
Andorre

3 💬 **Joue et** adapte **le dialogue.**

A Où habites-tu?

B *J'habite à Tours.*

A Tours, ça s'écrit comment?

B *T – O – U – R – S.*

4 Écoute (1–6). C'est qui?

Exemple: **1** Sarah

Tu es français?

Le Camping du Lac est international!

Oui, je suis français.

Je suis française. — Manon

Je suis anglais. — Tim

Je suis écossaise. — Sarah

Je suis galloise. — Kim

Je suis irlandaise. — Rachel

Je suis écossais. — Ian

où habites-tu?	j'habite à (Paris)
ça s'écrit comment?	P – A – R – I – S
tu es anglais?	oui, je suis anglais
tu es anglaise?	oui, je suis anglaise

non, je suis	gallois	galloise		irlandais	irlandaise
	écossais	écossaise		français	française

> **Grammaire: nationalities**
>
> Nationalities…
> - aren't written with capital letters
> - have a different ending for males and females.
> - What letter is added when the adjectives refer to girls?
> - How does this affect the pronunciation?

5 Écris les phrases (A–E). Vérifie avec ton partenaire.

Exemple: **A** Je suis gallois.

A

B

C

D

E

6 a Trouve les paires.

1 Comment t'appelles-tu?
2 Ça s'écrit comment?
3 Ça va?
4 Où habites-tu?
5 Tu es française?

– J'habite à Dieppe.
– Oui, je suis française.
– Je m'appelle Claire.
– Oui, ça va bien, merci.
– C – L – A – I – R – E.

6 b Pose les questions (1–5) à ton partenaire.

Exemple:
A Comment t'appelles-tu?
B *Je m'appelle Hannah.*

6 c extra! Écris un dialogue avec les cinq questions de l'exercice 6a.

1D Détective linguistique!

- practise typical French pronunciation
- understand instructions
- learn how to say 'a' and 'the'

un zèbre

une autruche

1 a 🗣️💬 **Prononciation**

How many ways are there of pronouncing -*ough* in English (e.g. 'rough', 'though')? Fortunately, French pronunciation is more consistent.

- Learn the spelling and pronunciation of these animals. Why? So that you'll know how to pronounce the same sounds in other French words too!

un éléphant

un lion

une souris

un crocodile

1 b 💿 *Listen and repeat (twice).*

1 c 💿 *Listen and find animal names which contain the sounds you hear.*

1 d 📖 *Which animal names show the rule: 'a final consonant is not usually pronounced'?*

1 e Stratégies!

From now on, use your knowledge of these sounds and spellings to say words correctly.

- Look back at the animal names and work out which ones will help you with the pronunciation of these French towns (e.g. Paris – 'i' as in *souris*; final consonant not pronounced).

1 Pau	**2** Nice	**3** Nantes
4 Toulouse	**5** Le Mans	**6** Dijon

2 a 💿 Écoute le poème. ▶

2 b 💿 Écoute et répète.

Abracadabra
chante la sorcière,
Abracadabra
je te change en chat!

Oubroucoudoubrou
chante la sorcière,
Oubroucoudoubrou
je te change en loup!

Ibriquidibri
chante la sorcière,
Ibriquidibri
je te change en souris!

Grammaire: 'the'; 'a'

On page 6 you found two words for 'the': *le, la*.
On this page you've seen two words for 'a':

un lion – **a** lion   *le lion* – **the** lion
une souris – **a** mouse   *la souris* – **the** mouse

	with masculine nouns:	with feminine nouns:
the	*le*	**la**
a, an	*un*	**une**

3 🖉 **What are the missing words?**

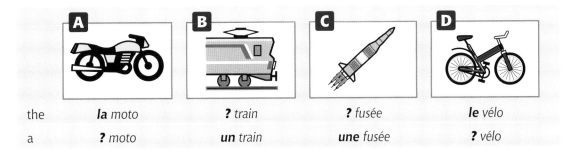

the	**la** moto	**?** train	**?** fusée	**le** vélo
a	**?** moto	**un** train	**une** fusée	**?** vélo

4 a 📖 **Words used in instructions: match the words and the pictures.**

1   Joue…
2   Écris…
3   Écoute…
4   Recopie…
5   Répète…
6   C'est qui?

Stratégies!

Use the list of instructions on page 143 to check the meaning of any words you don't understand.

4 b 🖉 **So what's the French for:**

1   Repeat…   **2**   Act out…   **3**   Who is it?   **4**   Listen…   **5**   Copy…   **6**   Write…

4 c 📖 **Write the French instructions by matching the right beginnings and endings. Write the English translation next to each one.**

1   *Listen and repeat.*
2   *Listen and read.*
3   *Find the matching pairs.*
4   *Ask your partner the questions.*
5   *Write the sentences.*

1   Écoute…   … les paires.
2   Écoute…   … et répète.
3   Trouve…   … les phrases.
4   Pose…   … les questions à ton partenaire.
5   Écris…   … et lis.

Grammaire: 'the' (plural)

les = 'the', with all nouns in the plural

4 d 📖 **Now check your answers, first with your partner, then by looking at the instructions in your book:**

1   p8, ex 1b   **2**   p8, ex 3a   **3**   p11, ex 6a   **4**   p11, ex 6b   **5**   p11, ex 5

1E Tu aimes le football?

- say what you like and don't like
- use *le*, *la*, *les* where we don't say 'the'
- learn to avoid two vowel sounds together

Tu aimes...

le football? le chocolat? les pizzas? le rap? la musique? la politique?

1 Écoute (1–10). C'est en français (f) ou en anglais (a)?

Exemple: **1** f

2 Écoute (1–8). Note ♥ ou ✗

Tu aimes le football? Non, je n'aime pas le football. ✗ Oui, j'aime le football. ♥

Exemple: **1** ♥

Grammaire: *j'aime + le, la, les*

le = the (masculine singular),
la = the (feminine singular),
les = the (all plural nouns)

French often uses **le, la, les** in situations where we don't say 'the' in English, e.g. use **le, la, les** after *j'aime*:

J'aime **le** football.   I love football.
J'aime **?** musique.   J'aime **?** pizzas.

3 Pose six questions à ton partenaire.

Exemple: **A** Tu aimes la musique?

B *Oui, j'aime.../*
Non, je n'aime pas...

tu aimes...?	le football, le chocolat, le rap
oui, j'aime...	**la musique**, **la politique**
non, je n'aime pas...	les pizzas

⚲ Prononciation:
avoiding two vowel sounds together

French tries to avoid having two vowel sounds next to each other, e.g. the final 'e' in *je* is often replaced with an apostrophe:

je + aime = j'aime   je + habite = j'habite

4 Écris le dialogue.

A t'appelles Comment -tu?
B Luc. m'appelle Je
A -tu? Où habites
B habite Boulogne. J' à
A s'écrit Ça comment?
B B – O – U – L – O – G – N – E.
A français? Tu es
B suis Oui, français. je
A aimes football? Tu le
B je pas football. le Non, n'aime
A revoir! Au

Au revoir, Amir!
Au revoir, Chloé!
Au revoir!

Salutations	*Greetings*
salut!	*hi!*
bonjour!	*hello!*
comment t'appelles-tu?	*what's your name?*
je m'appelle Tom	*my name is Tom*
ça va?	*are you OK?*
ça va bien, merci	*I'm OK, thanks*
bof! ça va	*hmmm, so-so!*
super mal!	*rotten!*
et toi?	*and you?*
oui	*yes*
non	*no*
où habites-tu?	*where do you live?*
j'habite à Paris	*I live in Paris*
ça s'écrit comment?	*how do you spell it?*
au revoir!	*goodbye!*

Nationalités	*Nationalities*
tu es anglais?	*are you English?* (m)
je suis anglais	*I'm English* (m)
tu es anglaise?	*are you English?* (f)
je suis anglaise	*I'm English* (f)
je suis gallois	*I'm Welsh* (m)
galloise	*Welsh* (f)
écossais	*Scottish* (m)
écossaise	*Scottish* (f)
irlandais	*Irish* (m)
irlandaise	*Irish* (f)
français	*French* (m)
française	*French* (f)

Les animaux	*Animals*
un lion	*a lion*
un zèbre	*a zebra*
un éléphant	*an elephant*
un crocodile	*a crocodile*
une souris	*a mouse*
une autruche	*an ostrich*

Préférences	*Likes/Dislikes*
tu aimes… ?	*do you like… ?*
j'aime…	*I like…*
je n'aime pas…	*I don't like…*
le football	*football*
le chocolat	*chocolate*
le rap	*rap*
la musique	*music*
la politique	*politics*
les pizzas	*pizzas*

Instructions	*Instructions*
écoute	*listen*
répète	*repeat*
recopie	*copy*
écris	*write*
joue	*act out*
lis	*read*
le dialogue	*the dialogue*
les mots	*the words*
les phrases	*the sentences*
pose les questions à ton partenaire	*ask your partner the questions*
trouve les paires	*find the matching pairs*
c'est qui?	*who is it?*

Grammaire:

masculine and feminine	the	**le** (m), **la** (f): *le lion, la souris*
	a, an	**un** (m), **une** (f): *un lion, une souris*
	nationalities	*français* (m), *française* (f)
plurals	the	*les: les lions* (m) *les autruches* (f)

Stratégies!

★ saying the French alphabet

★ changing *je* to *j'* when followed by a vowel or a silent 'h'

★ pronunciation: *j, é, è, ç*, silent 'h', silent final consonants

cross-topic words

je – *I*   tu – *you*

2 Ma famille et moi

2A Tu as des frères et sœurs?

- talk about brothers and sisters
- learn how to say 'a'
- learn how to make nouns plural
- understand how you learn a language

1 a 💿 Écoute et lis: Léa, Karima, etc.

Stratégies! *How you learn a language*

In your French lessons, the activities you do will take you through three steps:

A understanding the new language

B guided practice of the new language

C using the new language yourself.

Léa habite à Calais

A *Understanding new language*

1 The aims at the top of the page give you a good idea of what these people are talking about.

Karima

Je suis enfant unique.

Lise — J'ai une demi-sœur et un demi-frère.

Félix

J'ai deux frères qui s'appellent Théo et Joël.

Robert

J'ai une sœur qui s'appelle Anne.

Léa

J'ai trois sœurs et un frère.

2 Plurals: 's' is usually added to a French noun to show it's plural. The 's' is not pronounced. What letter is usually added to an English word to show it's plural? Is it pronounced?

1 b 💿 Écoute les phrases dans un ordre différent (1–5). C'est qui?

Exemple: 1 Karima

tu as des frères et sœurs?			extra!
oui, j'ai	un frère un demi-frère	une sœur une demi-sœur	qui s'appelle…
	deux frères	trois sœurs	qui s'appellent… et…
non, je suis enfant unique			

B *Guided practice*

In exercises 2 and 3, you practise the language in a guided way, to get to know it better.

2 Une minute! Pose la question à huit (8) personnes (ou plus!):

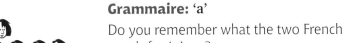

Tu as des frères et sœurs?

frère: *è* comme *zèbre* (p12)

3 Écris les mots dans le bon ordre.

Exemple: **1** J'ai un frère et une sœur.

1 et un J'ai une frère sœur.
2 sœurs un et trois J'ai frère.
3 suis enfant Je unique.
4 frères. et J'ai sœur deux une
5 un deux et J'ai sœurs. frère
6 et J'ai sœur. frères trois une

extra!

7 qui une s'appelle sœur J'ai Odile.
8 deux Murat frères qui et J'ai s'appellent Hasan.

> **Grammaire: 'a'**
>
> Do you remember what the two French words for 'a' are?
>
> When you learn a French noun, learn which word for 'a' is used with it.
>
> ✗ Don't learn: brother = *frère*
> ✓ Learn: a brother = *un frère*
>
> ✗ Don't learn: sister = *sœur*
> ✓ Learn: a sister = **une sœur**

C *Using new language*

Here's your chance to show what you've learnt.

4 Écoute (1–6). Note le nombre de frères (F) et sœurs (S).

Exemple: **1** 2F + 1S

Deux sœurs dans la musique

5 C'est qui? Joue et adapte le dialogue.

Exemple: **A** Tu as des frères et sœurs?
B *Oui, j'ai trois frères.*
A Tu es Marc.
B *Oui, correct!/Non, faux!*

Marie

Bruno

Carole

Marc

Anne

2B Tu as un animal?

- talk about pets
- recognise pronouns: I, you, he, she
- learn how to pronounce *ch, on, en, in, ien*
- ask how to say something in French

A j'ai un chien

B j'ai un chat

C j'ai un lapin

Stratégies!

Understanding new language

1 *J'habite* = I live.
Appartement looks like an English word...
and is somewhere people live.

2 Remember *j'ai une sœur qui s'appelle Anne*? (page 16) So what does the sentence here mean?

3 *Je n'ai pas d'animal* = I haven't got a pet.
So what does this mean:
Je n'ai pas de chien?

> J'habite dans un appartement.
> J'ai une gerbille qui s'appelle Gigi.
> Je n'ai pas de chien.

D j'ai un cochon d'Inde

E j'ai un hamster

F j'ai un serpent

G j'ai des poissons tropicaux

J je n'ai pas d'animal

I j'ai une perruche

H j'ai une gerbille

---

1 💿 **Écoute (1–10). Note la lettre de l'animal.**

Exemple: **1 H**

2 🗣💬 **Prononciation: *ch, -on, -en, -ien, -in***

Do you remember that the *ch* in *autruche* (page 12) is pronounced like 'sh' in English?

- Which animals on this page have the same sound? e.g. *chien, ...*

You say these sounds through your nose!

poissons: on as in *lion*   *chien*: ien as in *ça va bien*
serpent: en as the *an* in *éléphant*
lapin: in is like the second sound in *ien*

- 💿 Listen and repeat the five animals with these sounds.

3 💬 **C'est quelle photo dans l'exercice 1? Joue et adapte le dialogue.**

Exemple: **A** C'est un lapin.

B *C'est la photo C.*

A Oui, correct!/Non, faux!

Stratégies!

If you need to know how to say something in French…

A
C'est quoi en français, 'goldfish'?

B
C'est un poisson rouge.

A
Ça s'écrit comment?

B
P – O – I – S – S – O – N.

tu as un animal?		
oui, j'ai	un	chat, chien, cochon d'Inde, lapin, serpent, hamster
	une	gerbille, perruche
	des	poissons tropicaux
	deux lapins	trois cochons d'Inde
non, je n'ai pas d'animal		

des – *some*

4 💬 **Une minute! Pose les questions à 6–8 personnes:**
- Tu as des frères et sœurs?
- Tu as un animal?

5 💿 **Écoute (1–5). C'est quel animal?**

Exemple: **1 un hamster/une gerbille**

6 ✏️ **Écris les sept (7) phrases de Luc:**

Exemple: **J'ai deux chats. J'ai…**

7 a 📖 **Note les lettres des animaux mentionnés (exercice 1). Vérifie avec ton partenaire.**

Salut, Pierre!

J'ai une <u>sœur</u> qui s'appelle <u>Charlotte</u>. <u>Elle</u> a des poissons tropicaux. <u>Elle</u> a aussi un hamster qui s'appelle Hercule.

J'ai un <u>frère</u>, aussi. <u>Il</u> s'appelle <u>Kévin</u>. <u>Il</u> a un cochon d'Inde et une gerbille.

Tu as un animal, Pierre?

Éric

7 b **Grammaire: I, you, he, she**

In the letter, *sœur* and *Charlotte* show you that *elle* must mean 'she'.
- So *frère* and *Kévin* show you that *il* = **?**
- Can you find 'she has' and 'he has'?
- So which of the following mean: 'I', 'you', 'he', 'she'?

il   tu   elle   je

7 c ✏️ **extra! Écris une lettre similaire.**

2C Quel âge as-tu?

- say your age
- use numbers 1–15
- learn how to pronounce the French 'r'

1	un	**6**	six	**11**	onze
2	deux	**7**	sept	**12**	douze
3	trois	**8**	huit	**13**	treize
4	quatre	**9**	neuf	**14**	quatorze
5	cinq	**10**	dix	**15**	quinze

1 a 💿 Écoute et répète: 1–15. ▶

1 b 💿 Le Top 10. Les groupes sont à quel numéro?

   A Chocolat   **C** Vénus

   B Les Serpents   **D** Automatique

2 a 💿 Écris huit numéros et joue au Loto.

2 b 💬 Joue au Loto en groupes.

3 💬 Devine le numéro secret de ton partenaire.

Exemple:

A 10? **B** Plus bas. ⬇   **A** 8? **B** Plus haut. ⬆   **A** 9! **B** Correct!

4 ✏ Écris huit phrases. Vérifie avec ton partenaire.

   Exemple: **Le zoo a trois éléphants.**

5 💿 **Écoute et lis.**

1 C'est quoi en français: *How old are you?*
2 Qui a 15 ans?
3 Qui a 11 ans?

> **Grammaire:** 'I have', 'I am'
> ***J'ai*** *un chat* – I **have** a cat.
> ***Je suis*** *français* – I **am** French.
> In French, you say 'I have 11 years' – ***j'ai*** *11 ans.*

La visite d'oncle Henri

6 💿 **Écoute les cousins de Léa (1–6). Note les âges.**

Exemple: **1 11**

✏️ **extra! Note d'autres détails.** Exemple: **1 1 sœur**

7 a

> 🗣️🗨️ **Prononciation: the French 'r'**
> This is an important sound if you want to sound really French!
> • 💿 Listen and repeat the five names.

7 b 🗨️ **C'est qui? Joue et adapte le dialogue.**

Exemple: **A** Quel âge as-tu?
B *J'ai douze ans.*
A Tu es Sarah.

> quel âge as-tu?   j'ai (11) ans

8 🗨️ **Interviewe ton partenaire. Pose les questions:**

- Comment t'appelles-tu?
- Quel âge as-tu?
- Tu as des frères et sœurs?
- Où habites-tu?

🗨️ **extra!** *Add other questions, e.g.* **Ça s'écrit comment? Où habites-tu? Tu as un animal? Ça va?**

2D C'est quand, ton anniversaire?

- say dates and birthdays
- use numbers 16–31
- learn to listen for key sounds

16	seize	21	vingt et un
17	dix-sept	22	vingt-deux
18	dix-huit	23	vingt-trois (etc.)
19	dix-neuf	30	trente
20	vingt	31	trente et un

1 a 💿 Écoute (1–10) et note les nombres.

Exemple: **1** 17

1 b 💿 C'est quand ton anniversaire?
Écoute (1–8) et complète les dates.

Exemple: **1** 27

1	le (...) juin	**5**	le (...) octobre
2	le (...) mars	**6**	le (...) juillet
3	le (...) mai	**7**	le (...) février
4	le (...) août	**8**	le (...) décembre

> c'est quand, ton anniversaire?
> mon anniversaire, c'est...
> le premier mai (1/5)
> le deux mai (2/5)
> le seize mai (16/5)

2 💿 Stratégies! *Listening*

- Are the months said in French or English?
  What are the sounds that tell you?

3 📖 Trouve les paires.

Exemple: **1** 30/3

1 Mon anniversaire, c'est le trente mars.
2 Mon anniversaire, c'est le vingt-cinq juin.
3 Mon anniversaire, c'est le dix-sept août.
4 Et moi, c'est le seize janvier.
5 Et moi, c'est le vingt et un avril.
6 Et moi, c'est le treize juillet.

30/3
13/7
17/8
21/4
16/1
25/6

4 a ✏️ Écris une liste:
janvier ➡ décembre.

4 b 💬 Interviewe 15 personnes.

A C'est quand, ton anniversaire?
B *C'est le premier août.*

janvier ✓✓✓
février ✓✓

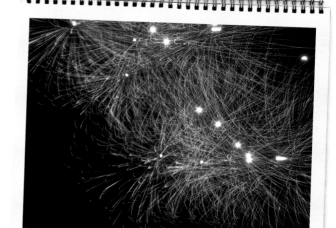

le 14 juillet – la fête nationale

janvier	avril	juillet	octobre
février	mai	août	novembre
mars	juin	septembre	décembre

5 a 💿 Écoute et
répète le rap.

> **Je m'appelle Robert**
> **Et j'ai douze ans.**
> **Mon anniversaire,**
> **C'est le trente décembre.**

5 b ✏️ extra!
Et toi? Adapte le
rap de Robert.

Frères et sœurs	Brothers and sisters
tu as des frères et sœurs?	*have you got any brothers and sisters?*
je suis enfant unique	*I'm an only child*
j'ai…	*I've got…*
un frère	*a brother*
un demi-frère	*a half-brother/ stepbrother*
une sœur	*a sister*
une demi-sœur	*a half-sister/stepsister*
deux frères	*two brothers*
trois sœurs	*three sisters*
qui s'appelle…	*who's called…*
qui s'appellent…	*who are called…*
et	*and*
oui/non	*yes/no*

Les animaux / Animals/pets

Les animaux	Animals/pets
tu as un animal?	*have you got a pet?*
j'ai…	*I've got…*
un lapin	*a rabbit*
un cochon d'Inde	*a guinea pig*
un chat	*a cat*
un chien	*a dog*
un serpent	*a snake*
un hamster	*a hamster*
une gerbille	*a gerbil*
une perruche	*a budgie*
des poissons tropicaux	*tropical fish*
deux lapins	*two rabbits*
trois cochons d'Inde	*three guinea pigs*
je n'ai pas d'animal	*I haven't got a pet*

Les nombres / Numbers

Les nombres		Numbers	
1 un	11 onze	21 vingt et un	
2 deux	12 douze	22 vingt-deux	
3 trois	13 treize	23 vingt-trois	
4 quatre	14 quatorze	30 trente	
5 cinq	15 quinze	31 trente et un	
6 six	16 seize		
7 sept	17 dix-sept		
8 huit	18 dix-huit		
9 neuf	19 dix-neuf		
10 dix	20 vingt		

Les mois / Months

Les mois		Months
janvier	mai	septembre
février	juin	octobre
mars	juillet	novembre
avril	août	décembre

Les dates / Dates

Les dates	Dates
le premier mai	*the 1st May*
le deux mars	*the 2nd March*
le trente avril	*the 30th April*

Ton âge/anniversaire / Your age/birthday

Ton âge/anniversaire	Your age/birthday
quel âge as-tu?	*what age are you?*
j'ai 11 ans	*I'm 11*
c'est quand, ton anniversaire?	*when is your birthday?*
mon anniversaire, c'est le vingt mars	*my birthday is the 20th March*

Grammaire:

two words for 'a': **un/une**

je	I	j'ai	I have
tu	you	tu as	you have
il	he	il a	he has
elle	she	elle a	she has

Stratégies!

★ learning how to learn a language

★ asking how to say something in French: *C'est quoi en français, … ?*

★ pronunciation: unpronounced plural 's'; *ch, -on, -in, -ien, -en*; French 'r'

Cross-topic words: et – *and*   c'est – *it's*

Unité 1 (Des problèmes? Consulte la page 15.)

1 a 📖 Trouve les paires.

Exemple: **1 b**

1. Où habites-tu?
2. Comment t'appelles-tu?
3. Tu es française?
4. Tu aimes le football?
5. Ça va?

a. Non, je n'aime pas le football.
b. J'habite à Paris.
c. Ça va bien, merci.
d. Non, je suis anglaise.
e. Je m'appelle Claire.

1 b 💿 Écoute et vérifie.

1 c 💬 Pose les questions de l'exercice 1a à ton partenaire.

2 ✏️ Écris les phrases.

Exemple: **1 Je suis irlandaise.**

Attention! Masculin ou féminin?

Unité 2 (Des problèmes? Consulte la page 23.)

3 ✏️ Écris les nombres.

Exemple: **1 dix-sept**

4 💿 Écoute (1–5). C'est vrai (V) ou faux (F)?

1. Je m'appelle Jean.
2. J'ai un demi-frère.
3. J'ai 12 ans.
4. J'ai un hamster.
5. Mon anniversaire, c'est le 22 mai.

5 a 💬 Joue les dialogues: questions et réponses.

1
Patrick
18 janvier

2
Mélanie
14 ans

5 b ✏️ Écris un dialogue.
Comment t'appelles-tu? etc.

Dossier personnel

✏️ Prépare un dossier personnel, avec des informations, des photos, et des illustrations.

Exemple:

Je m'appelle Lucy.

J'habite à Londres.

Je suis anglaise.

J'aime le chocolat.

Je n'aime pas le football.

J'ai une sœur qui s'appelle Rachel.

Je n'ai pas d'animal.

J'ai 11 ans et mon anniversaire, c'est le 27 août.

Les animaux

Les chiens et les chats

Proportion de chiens et de chats (pour 100 habitants):

		chiens	chats
	États-Unis	21	23
	Irlande	17	11
	France	13	14
	Royaume-Uni	11	12
	Italie	9	11
	Japon	7	6

Un, deux, trois

Une oie

Deux oies

Trois oies

Quatre oies

Cinq oies

Six oies

Sept oies (C'est toi!)

💿 Alouette

Alouette, gentille alouette

Alouette, je te plumerai

Je te plumerai la tête

Je te plumerai la tête

Et la tête. Et la tête

Alouette!

une alouette

une oie

Dans les Alpes françaises, il y a des sangliers et des loups!

un sanglier

un loup

1 Can you find the names of six countries and four animals?

2 Note three points of information you've learned from the articles.

Use Un, deux, trois *to decide who goes first in a pairwork activity!*

3 Le collège

3A Le lundi, j'ai maths

- talk about school subjects
- learn the days of the week
- learn about special uses of *le/la*
- learn about school in France

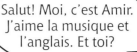

Salut! Moi, c'est Amir. J'aime la musique et l'anglais. Et toi?

 le français

 l'anglais

 le dessin

 la géographie

 la musique

 la technologie

 l'histoire

 les sciences

 les maths

 l'éducation physique

1 Écoute et répète.

2 Écoute (1–10). C'est en français (f) ou en anglais (a)?

Exemple: **1** f

Prononciation:

- géographie – *é* comme éléphant, *i* comme souris

◀◀ Voir page 12

3 a C'est quelle matière?

Exemple: **1** l'histoire

1 les dates: 1066, 1789, etc.

2 la biologie, la chimie

3 le piano, la guitare, le violon

4 William Shakespeare

5 l'addition, la multiplication

6 le, la, les

7 l'Australie, l'Inde, la Chine, etc.

8 le hockey, le rugby

3 b Stratégies!

You know that French tries to avoid having two vowel sounds next to each other:

je + aime = j'aime
je + habite = j'habite

In the same way, *le* and *la* change to *l'* when followed by a vowel sound, e.g. *l'anglais, l'histoire*.

- Can you find four more nouns with *l'* on this page?

4 a 🔊 Écoute (1–5). Il manque quel jour?

Which day is missing?

Exemple: **1** samedi

mai					
lundi		6	13	20	27
mardi		7	14	21	28
mercredi	1	8	15	22	29
jeudi	2	9	16	23	30
vendredi	3	10	17	24	31
samedi	4	11	18	25	
dimanche	5	12	19	26	

4 b 💬 C'est quel jour?

Exemple: **A** Le 9 mai, c'est quel jour?

B *C'est un jeudi. Et le premier mai? …*

5 a 📖 Lis les phrases 1–4. C'est vrai (V) ou faux (F)?

le lundi	le mardi	le jeudi	le vendredi

Grammaire: special uses of *le/la/l'/les*

– *Le lundi, nous avons maths.*

   le lundi = on Mondays

– There is no **le, la, l'** or **les** with school subjects after *j'ai* (I have) and *nous avons* (we have).

1 Le lundi, nous avons anglais et dessin.

2 Le mardi, j'ai anglais et musique. C'est super nul!

3 Le jeudi, nous avons maths et éducation physique.

4 Le vendredi, j'ai sciences et technologie. C'est super!

Et le mercredi? Nous n'avons pas de cours le mercredi. C'est super!

5 b extra! ✏️ **Corrige les erreurs.** *Correct the false sentences.*

6 a ✏️ Écris quatre (4) phrases pour lundi–jeudi.

Exemple: **1** Le lundi, nous avons anglais, maths, et histoire.

lundi	mardi	mercredi	jeudi

le lundi, le mardi, le mercredi, le jeudi, le vendredi, le samedi, le dimanche

j'ai… nous avons…

anglais, français, histoire, géographie, dessin, technologie, musique, maths, sciences, éducation physique

Stratégies!

Ask your teacher for any words you need.

C'est quoi en français, RE?

La religion.

6 b ✏️ **Vendredi: écris le nom de tes matières!**

Write the names of your subjects!

3B À quelle heure?

- learn numbers 40, 50, 60
- tell the time
- use the French you know to predict new patterns

60	soixante
50	cinquante
40	quarante
30	trente
20	vingt
10	dix

1 a 💿 Écoute et répète les nombres 10–60.

1 b 💿 Écoute la compétition. Note les scores:
Adrien – Boris – Charlotte – Diane – Étienne.

2 Stratégies! *Predicting new patterns*

You can sometimes use the French you know to predict new patterns. For example:

Do you remember the counting pattern: *vingt et un, vingt-deux, vingt-trois*, etc.?

- How do you think you say these numbers?

  41, 42, 43   51, 52, 53   61, 62, 63

3 💿 Écoute. Quel est le bon ordre (A, B, C)?

A

J'ai maths à onze heures trente.
Qui est la prof de maths?
Mademoiselle Bonnet est la prof de maths.

B

Tu as musique à quelle heure?
J'ai musique à huit heures trente. Madame Lambert est la prof de musique.

C

J'ai anglais à dix heures.
Qui est le prof d'anglais?
Monsieur Carron est le prof d'anglais.

4 a 📖 C'est vrai (V) ou faux (F)? Exemple: **1 F**

1 J'ai français à huit heures cinquante. `08:30`

2 J'ai dessin à neuf heures trente-cinq. `09:35`

3 J'ai maths à dix heures cinquante. `10:40`

4 J'ai éducation physique à onze heures vingt. `11:20`

5 Nous avons sciences à treize heures quarante. `13:20`

6 Nous avons histoire-géo à quatorze heures. `14:00`

7 Nous avons anglais à quinze heures quarante-cinq. `14:35`

8 Nous avons musique à quinze heures vingt-cinq. `15:25`

4 b ✏️ extra! Corrige les erreurs! Exemple: **1 J'ai français à huit heures trente.**

5 Écoute (1–8). Quelle est la bonne réponse: a ou b?

1 a 11h30 **b** 11h40	**3 a** 13h25 **b** 13h35	**5 a** 12h40 **b** 12h50	**7 a** 14h20 **b** 14h40
2 a 9h15 **b** 9h20	**4 a** 15h00 **b** 16h00	**6 a** 10h05 **b** 10h15	**8 a** 13h45 **b** 13h55

6 Regarde l'emploi du temps. C'est vrai ou faux? Joue et adapte les dialogues.

Exemples:
A Tu as technologie à quelle heure le mardi?
B *Hmmm… à quatorze heures.*
A C'est faux! C'est à quatorze heures vingt-cinq!

A Qui est le prof d'anglais?
B *Monsieur Dupont.*
A C'est vrai!

Emploi du temps

NOM: Mehdi Benabes CLASSE: 6ème H	**lundi**	**mardi**	**mercredi**	**jeudi**	**vendredi**
8h00–8h55			français M. Leblanc	français M. Leblanc	éducation physique Mlle Duval
8h55–9h50	maths Mme Reynaud	histoire Mme Tayeb	géographie M. Papin	français M. Leblanc	éducation physique Mlle Duval
RÉCRÉATION					
10h05–11h00	français M. Leblanc	musique Mlle Cohen	maths Mme Reynaud	technologie M. Abbas	français M. Leblanc
11h00–11h55	dessin M. Valentin	anglais M. Dupont	anglais M. Dupont	maths Mme Reynaud	français M. Leblanc
DÉJEUNER					
13h30–14h25	anglais M. Dupont	éducation physique Mlle Duval		sciences Mme Salgado	anglais M. Dupont
14h25–15h20	histoire Mme Tayeb	technologie M. Abbas		sciences Mme Salgado	maths Mme Reynaud
15h20–16h15	géographie M. Papin			dessin M. Valentin	maths Mme Reynaud

tu as maths à quelle heure?	j'ai/nous avons maths	à treize heures quarante-cinq.
qui est le prof de (maths)?	Monsieur… est le prof de maths. Madame/Mademoiselle… est la prof de maths.	

7 a Écris ton emploi du temps.

7 b *extra!* Écris six phrases.

Exemple: J'ai français le lundi, à onze heures vingt.

3C J'adore les sciences!

- **say what you think of different subjects**
- **know where to look up words**
- **learn how to pronounce** *eu*
- **work out the meaning of new words**

Voici mes copains de collège. Nous n'avons pas d'uniforme, en France!

J'adore les sciences.

J'aime le français.

Je n'aime pas les maths.

Je déteste l'histoire!

1 💿 Écoute et lis.
Amir aime les sciences? Et l'histoire?

2 ✏️ Recopie et complète les phrases.
Exemple: **1** J'aime le collège.

1 J'aime le (ELCOGÈL)

2 Je n'aime pas les (HSTAM)

3 J'adore l' (CADÉTINOU QUISHEPY)

4 Je déteste l' (AGALINS)

5 J'adore la (GHETNICOLOE)

6 Je déteste la (GAPHROIGÉE)

3 💿 Écoute (1–10) et note 💙 💙 , 💙 , ✖️ ou ✖️✖️ .

extra! **Note aussi les matières (maths, anglais, etc.)**

4 a 📖 Les opinions: trouve les paires.

A	C'est intéressant.	**1**	*It's easy.*
B	C'est difficile.	**2**	*It's interesting.*
C	C'est ennuyeux.	**3**	*It's difficult.*
D	C'est super!	**4**	*It's rubbish!*
E	C'est facile.	**5**	*It's boring.*
F	C'est nul!	**6**	*It's great!*

4 b 💿 Écoute (1–6): c'est quelle opinion (A–F)?
Exemple: **1** D (c'est super)

4 c ✏️ Écris deux (2) listes. Vérifie avec ton partenaire.

Opinions positives	Opinions négatives
C'est intéressant.	

Stratégies!
Working out meaning

You can work some words out because the French looks like the English.

- Note which words in exercise 4a look like English ones.
- Look up the words that are left in the glossary, page 134.

4 d 💿 🗣️💬 **Prononciation:** *eu*
Écoute et répète: deux – jeudi – ennuyeux

- So how do you say: *Monsieur Matthieu est malheureux?*

5 a C'est qui? Joue et adapte le dialogue.

Exemple:
A Je n'aime pas l'éducation physique. C'est nul!
B *Tu es Damien!*

5 b 🖉 Écris deux phrases pour André, Farouk, Damien et Isabelle.

super | nul! | difficile

André | *Damien* | *Kévin*

facile | intéressant! | ennuyeux

Christelle | *Isabelle* | *Farouk*

6 a 💿 Écoute la conversation.
A Tu aimes la musique?
B *Oui, j'adore la musique.*
A Pourquoi?
B *Parce que c'est intéressant.*

j'adore, j'aime	le français, la technologie,
je n'aime pas, je déteste	le dessin, l'histoire, etc.
Pourquoi? Parce que c'est…	
intéressant, facile, super, ennuyeux, difficile, nul	

6 b Pose les questions à six personnes.

7 a 💿 Écoute et lis la lettre. ▶
1 Amir aime/adore… ?
2 Il n'aime pas/déteste… ?

7 b Stratégies!
 Reading aloud

To help you understand, read the letter out loud, taking one sentence each. Help your partner if he/she gets stuck with the pronunciation.

7 c 🖉 Et toi? Écris cinq (5) phrases.

Exemple: J'adore les sciences, parce que c'est facile.

7 d 🖉 extra! Écris une lettre à Amir.

> Nice, mercredi 27 octobre
>
> Salut, Chloé!
>
> Ça va? Je suis au collège. C'est ennuyeux. J'aime les sciences et l'éducation physique. Nous avons éducation physique le mardi et le vendredi.
>
> J'adore l'anglais, parce que c'est intéressant. Et toi, tu aimes l'anglais, Chloé?
>
> Je n'aime pas l'histoire-géo. Nous avons histoire-géo le mercredi. Et je déteste la technologie, parce que c'est difficile et ennuyeux!!!
>
> Tu aimes le collège, Chloé?
>
> Amir

3D Tu as un bic?

- **name things you need at school**
- **use the formal 'you' to talk to young people and adults**

1 📖 **Identifie les photos.**

Exemple: **A** C'est une règle.

un CD-ROM
un cahier
un bic
un livre
un crayon

une gomme
une règle
une feuille de papier

2 a 💿 **Écoute et lis.**

Éric, tu as un crayon, s'il te plaît?

Non, je n'ai pas de crayon.

Et toi, Sophie, tu as un crayon, s'il te plaît?

Non!

Mademoiselle Tulle, vous avez un crayon, s'il vous plaît?

Non, Jules. Je regrette.

Tu es bête, Jules! Tu as un crayon!

2 b 💬 **Lis le sketch avec ton partenaire.**

2 c 💿 **Écoute (1–6). Jules pose la question à Sophie (S) ou à Mademoiselle Tulle (Mlle T)?**

extra! **Note l'objet.**

Exemple: **1** Mlle T (un cahier)

3 ✏️ **Écris huit (8) questions avec les objets A–H.**

- Tu as… ? (A–D)
- Vous avez… Monsieur/Madame? (E–H)

Grammaire: two words for 'you'

- Use **tu** (and *s'il te plaît* – please) with people of your own age.
- Use **vous** (and *s'il **vous** plaît* – please) with adults.

Are there any differences in how you speak with adults and with young people in English?

- What can the difference between the two 'you's' mean in French?

Tu as un cahier?
Vous avez une feuille de papier, Monsieur/Madame/Mademoiselle?

Les matières / School subjects

Les matières	School subjects
le collège	school
le français	French
l'anglais	English
le dessin	art
la géographie	geography
la musique	music
la technologie	technology
l'éducation physique	PE
l'histoire	history
les maths	maths
les sciences	science

Les sept jours / The seven days

Les sept jours	The seven days
lundi	Monday
mardi	Tuesday
mercredi	Wednesday
jeudi	Thursday
vendredi	Friday
samedi	Saturday
dimanche	Sunday
le lundi, nous avons français	on Mondays we have French
le mardi, j'ai maths	on Tuesdays I have maths

Les nombres / Numbers

Les nombres	Numbers
dix	10
vingt	20
trente	30
quarante	40
cinquante	50
soixante	60

L'heure / The time

L'heure	The time
tu as maths à quelle heure?	what time do you have maths?
j'ai maths à dix heures quarante	I have maths at 10.40 am

Opinions / Opinions

Opinions	Opinions
tu aimes la musique?	do you like music?
oui, j'adore…	yes, I love…
j'aime…	I like…
non, je n'aime pas…	no, I don't like…
je déteste…	I hate…
pourquoi?	why?
parce que…	because…
c'est intéressant	it's interesting
c'est facile	it's easy
c'est super	it's great
c'est ennuyeux	it's boring
c'est difficile	it's difficult
c'est nul	it's rubbish

Les profs / Teachers

Les profs	Teachers
qui est le prof de (musique)?	who is the (music) teacher?
Monsieur Dupont est le prof de maths	Mr Dupont is the maths teacher
Madame Loiseau est la prof de maths	Mrs Loiseau is the maths teacher
Mademoiselle Renan	Miss Renan

Objets au collège / Items at school

Objets au collège	Items at school
tu as…?	do you have… (to a young person)?
vous avez…?	do you have… (to an adult)?
un cahier	an exercise book
un bic	a biro
un livre	a book
un crayon	a pencil
un CD-ROM	a CD-ROM
une gomme	a rubber
une règle	a ruler
une feuille de papier	a sheet of paper
s'il te plaît	please (to a young person)
s'il vous plaît	please (to an adult)

Grammaire:

Special uses of **le/la**:	*le lundi, nous avons dessin*	on Mondays we have art
Telling the time:	*à quatorze heures quarante-cinq*	at 2.45 pm
Two words for 'you':	**Tu** *as un livre?*	Do you have a book? *(talking to a young person)*
	Vous *avez un livre?*	Do you have a book? *(talking to an adult)*

Stratégies!

★ work out what new words mean, e.g. because they look like English

★ using the French you know to predict patterns: *vingt et un* ➡ *quarante et un*

★ pronunciation: *eu*, e.g. *jeudi, ennuyeux*

cross-topic words

moi – *me*   toi – *you*

4 En France

4A Vanille, fraise, chocolat...

- buy ice creams
- use numbers 60–100
- learn how to pronounce *oi*

> Je voudrais une glace à trois boules, s'il vous plaît.

> Chocolat, menthe et banane.

PRIX

3 boules 3,40€
4 boules 4,20€
1 boule 1,20€
5 boules 5,50€
2 boules 2,40€
6 boules 6,10€

> Salut! Moi, c'est Chloé. J'adore les glaces! Miam-miam!

Glaces: 8 parfums!

| banane | cassis | chocolat | fraise | framboise | menthe | pistache | vanille |

1 🔊 Écoute (1–6) et note les parfums.

Exemple: **1** choc., men., ban.

2 a ✏️ Prépare un sondage en classe. Écris une liste des huit (8) parfums.

un sondage – *survey*

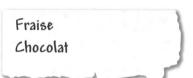

Fraise
Chocolat

2 b 💬 Deux minutes! Pose la question à huit (8) personnes (ou plus!).

> Tu veux quels parfums?

> Je voudrais chocolat et fraise.

Fraise ✓ ✓
Chocolat ✓ ✓ ✓ ✓

Quel est le parfum le plus populaire dans ta classe?

Quels parfums?

Voilà, Mademoiselle. Merci.

3 a 📖 Note les neuf (9) parfums.

Exemple: melon, …

Les glaces en France

Tu aimes la glace? En France, il y a beaucoup de parfums différents. Tu aimes les fruits? Tu as melon, abricot, orange et poire, par exemple.

Tu préfères noisette, caramel ou praliné, peut-être?

Il y a aussi des parfums très originaux, par exemple tomate et aubergine!! Oui, c'est vrai! Miam-miam!

3 b 🗣️ Prononciation: *oi*

● How do you say the *oi* sound in *trois* and *soixante*?

● So how do you think you would say *poire* (pear) and *noisette* (hazelnut)?

4 a 💿 Écoute et écris les dix (10) nombres.

Exemple: **1** 62

60 soixante	**61** soixante et un	**62** soixante-deux
70 soixante-dix	**71** soixante et onze	**72** soixante-douze
80 quatre-vingts	**81** quatre-vingt-un	**82** quatre-vingt-deux
90 quatre-vingt-dix	**91** quatre-vingt-onze	**92** quatre-vingt-douze
100 cent	**101** cent un	**102** cent deux

1€

50c

20c

10c

5c

= *un euro quatre-vingt-cinq centimes*

4 b ✏️ Écris les prix.

Exemple: **1** quatre-vingts centimes

1 0,80€   **2** 0,75€   **3** 0,90€   **4** 0,79€   **5** 0,95€   **6** 1,70€   **7** 1,85€   **8** 0,99€

5 a 💿 Écoute (1–5). Note le nombre de boules et le prix.

Exemple: **1** 2 – 2,40€

📖 **extra!** Le prix est correct? Regarde la liste, page 34. Écris *oui* ou *non*.

5 b 🗣️ Joue et adapte le dialogue.

A Je voudrais une glace à trois boules, s'il vous plaît.

B *Quels parfums?*

A Poire et noisette.

B *Voilà, Mademoiselle. Deux euros quarante.*

A Merci, Monsieur. Au revoir.

je voudrais une glace		
à	une boule deux boules	s'il vous plaît
quel parfum? quels parfums?		chocolat (etc.) menthe et cassis
un euro quatre-vingts deux euros trente		
voilà	merci	au revoir

4B Au café

- order food and drink in a café
- say words as you write them
- learn how to pronounce *-tion, -sion*

1 🔘 Écoute et répète.

2 a 🔘 Écoute les dialogues (1–6). Les prix sont corrects? Écris *oui* (✓) ou *non* (✗).

2 b 💬 Pose des questions à ton partenaire.

A Un coca, c'est combien?
B *Deux euros trente.*

Une limonade, c'est combien?

Deux euros dix, Mademoiselle.

un thé au citron 2,10€

un thé au lait 2,10€

un grand crème 2,90€

un café 2,40€

un coca 2,30€

un jus d'orange 2,20€

une limonade 2,10€

3 ✏️ Écris les mots. Vérifie avec ton partenaire.

Exemple:
A un grand crème, …

A
1 grd crm
1 lim.
2 sand. jamb.

B
1 co.
1 j/o
1 cro
1 fri

C
1 t/k 1 t/l
1 caf
2 sand. from.

Stratégies!

Writing new words helps you learn their spelling. Saying the words to yourself as you write them helps you remember their pronunciation.

un sandwich au jambon
5,40€

un sandwich au fromage
5,00€

un croque-monsieur
5,90€

des frites
3,50€

4 a Écoute et lis le dialogue.

Serveur	Vous désirez, Mademoiselle?
Cliente	*Un croque-monsieur et un coca, s'il vous plaît.*
Serveur	Pas de problème. …
Cliente	*Monsieur! L'addition, s'il vous plaît.*
Serveur	Voilà, Mademoiselle. Ça fait huit euros vingt.
Cliente	*Voilà.*
Serveur	Merci, Mademoiselle. Au revoir.

4 b Joue et adapte le dialogue.

4 c Écoute et note l'ordre des photos A–C.

A

B

C

4 d **Prononciation:** *-tion, -sion*

● Listen to the last dialogue again. How is the word *addition* (bill) pronounced?
  – *-tion* and *-sion* are pronounced the same.

● So how would you say the following?
  – *Une portion de frites, s'il vous plaît.*
  – *Attention! Le café est fermé le lundi.*
  – *Menu: version anglaise.*

4 e *extra!* **Joue un dialogue pour A, B ou C.**

une limonade	un coca	un sandwich	un coca, c'est combien?
un grand crème	un café	au jambon/	l'addition, s'il vous plaît
un jus d'orange		au fromage	voilà
un thé au citron		un croque-monsieur	merci
un thé au lait		des frites	au revoir!

4C Un petit village

- talk about the town or village where you live
- use masculine and feminine forms of adjectives
- recycle language you know already

St-Malo

J'habite à St-Père. C'est un petit village près de St-Malo. St-Malo est une petite ville de Bretagne...

la Bretagn

Plougasnou
Morlaix
Crozon
Caudan
Lorient
Vannes
Carnac

100 km

1 a 💿 Écoute Chloé. C'est quoi en français?

1 a small village   **2** a small town   **3** near

1 b 💿 Écoute Chloé (1–8) et regarde la carte. C'est vrai (V) ou faux (F)? la carte – *map*

1 Rennes est une grande ville.

2 Plougasnou est une petite ville.

3 Vannes est une petite ville près de Rennes.

4 Chavagne est un petit village près de Rennes.

5 St-Malo est une petite ville.

6 Lorient est une grande ville près de St-Malo.

7 Carnac est un grand village près de Vannes.

8 Caudan est près de Lorient.

2 a Grammaire: adjective endings

Adjectives have masculine and feminine forms, to agree with the noun.

Feminine adjectives: add an -e!

- Which of these nouns is masculine and which is feminine?

   *un grand village/**une** grand**e** ville*
   *un petit village/**une** petit**e** ville*

   What is different about the adjectives?

- 💿 How do you pronounce the masculine and feminine adjectives in the four phrases above? Listen and check your answer.

2 b 🖊 Regarde la carte. Recopie et complète les phrases. Vérifie avec ton partenaire.

Exemple: 1 J'habite à Caudan. C'est *un grand village* **près de** *Lorient*.

1 J'habite à Caudan. C'est (**...**) près de (**...**).

2 J'habite à Rennes. C'est (**...**).

3 Moi, j'habite à (**...**). C'est un (**...**) village près de Morlaix.

4 Erwan habite à St-Malo. C'est (**...**).

5 Sylvie habite à Carnac. C'est un (**...**) village (**...**) de Vannes.

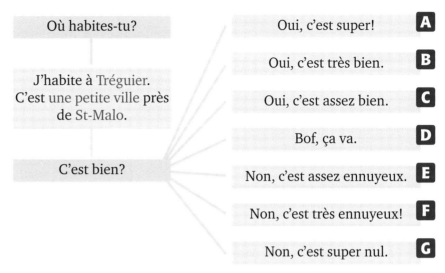

3 a 🔘 Écoute (1–6) et note les opinions (A–G).

Où habites-tu?

Oui, c'est super!	**A**
Oui, c'est très bien.	**B**
Oui, c'est assez bien.	**C**
Bof, ça va.	**D**
Non, c'est assez ennuyeux.	**E**
Non, c'est très ennuyeux!	**F**
Non, c'est super nul.	**G**

J'habite à Tréguier. C'est une petite ville près de St-Malo.

C'est bien?

3 b 🗨 Stratégies! *Recycling things you know*

When you practise a dialogue you can sometimes add a question you know, but in a new context, e.g. to ask the spelling of a town: Tréguier, *ça s'écrit comment?*

● Joue et adapte le dialogue.

4 a 📖 Lis les textes. C'est qui?

1 ■😞   2 •😞   3 ■😃   4 ■😃

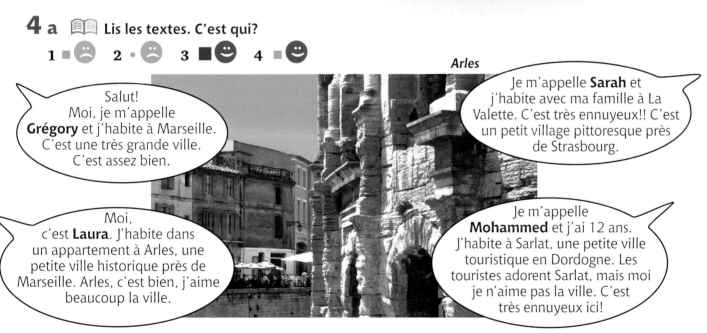

Arles

Salut! Moi, je m'appelle **Grégory** et j'habite à Marseille. C'est une très grande ville. C'est assez bien.

Je m'appelle **Sarah** et j'habite avec ma famille à La Valette. C'est très ennuyeux!! C'est un petit village pittoresque près de Strasbourg.

Moi, c'est **Laura**. J'habite dans un appartement à Arles, une petite ville historique près de Marseille. Arles, c'est bien, j'aime beaucoup la ville.

Je m'appelle **Mohammed** et j'ai 12 ans. J'habite à Sarlat, une petite ville touristique en Dordogne. Les touristes adorent Sarlat, mais moi je n'aime pas la ville. C'est très ennuyeux ici!

4 b ✏ Et toi, où habites-tu? C'est bien? Adapte le texte de Grégory et écris 3–5 phrases.

où habites-tu?	j'habite à (York)			
	c'est	un	petit/grand	village	près de (Leeds)
		une	petite/grande	ville	
c'est bien?	oui, c'est	super/très bien/assez bien		
	bof, ça va			
	non, c'est	super nul/très ennuyeux/assez ennuyeux		

4D La famille de Chloé

- talk about your family
- use three words for 'my'

```
                        ma grand-mère        mes grands-parents

              ma belle-mère = mon père        ma mère = mon beau-père

        mon petit frère, Kévin     moi, (Chloé!)     mon grand frère, Saï
```

1 a 💿 Écoute et lis l'e-mail.
Chloé mentionne quels thèmes?

A la famille   **B** un animal   **C** le village

1 b 📖 En anglais! *Who lives in*

A St-Père?   **B** Rennes?   **C** Crozon?

1 c 💿 Écoute la version 2 et compare.
Il y a une différence? Lève la main!

1 d 💬 Complète la phrase de ton/ta partenaire.

Exemple: **A** J'habite à St-Père avec ma...
           B *... mère!*

À: | Amir Longy
Objet: | Salut!

Salut Amir!

J'habite à St-Père avec ma mère, mon beau-père et mes deux frères. St-Père, c'est un petit village près de St-Malo. C'est très ennuyeux.

Mes grands-parents Durand habitent à Rennes. Rennes, c'est super. Ma grand-mère Martin habite à Crozon. C'est un petit village.

Et toi, où habites-tu exactement?

Écris-moi bientôt!

Chloé

Grammaire: 'my' – *mon, ma, mes*

There are three words for 'my'. The gender of the noun which follows determines which one you use:

	masculine singular 👦	feminine singular 👧	plural (masc. & fem.)
the	*le frère*	*la sœur*	*les parents*
my	mon *frère*	ma *sœur*	mes *parents*

2 ✏️ Recopie et complète les phrases avec *mon, ma, mes*.

1   J'habite avec **(...)** père et **(...)** belle-mère. **(...)** chien s'appelle Lili.
2   **(...)** grands-parents habitent à Rennes.
3   J'habite avec **(...)** parents, **(...)** frère et **(...)** sept poissons.

Lili, le chien

3 ✏️ Écris un e-mail à Chloé.

- Où habites-tu? Avec qui?
- Où habitent tes grands-parents?

✏️ extra!

- Ajoute (+) ton opinion sur ta ville/ton village.

j'habite à (Cardiff) avec...	mes parents	mon beau-père
	mon père	ma belle-mère
	ma mère	

mon grand-père ma grand-mère	habite	à (Bristol)
mes grands-parents	habitent	

Les glaces / Ice creams

Les glaces	Ice creams
je voudrais	I'd like
une glace…	an ice cream…
à une boule	with one scoop
à trois boules	with three scoops
s'il vous plaît	please
quel parfum?	what flavour?
quels parfums?	what flavours?
banane	banana
cassis	blackcurrant
chocolat	chocolate
fraise	strawberry
framboise	raspberry
menthe	mint
pistache	pistachio nut
vanille	vanilla
voilà	there you are
merci, au revoir	thank you, goodbye

Au café / At the café

Au café	At the café
un thé au citron	tea with lemon
un thé au lait	tea with milk
un grand crème	white coffee
un café	black coffee
un coca	coke
un jus d'orange	orange juice
une limonade	lemonade
un sandwich…	
au jambon	ham sandwich
au fromage	cheese sandwich
des frites	chips
un croque-monsieur	melted cheese and ham toastie
c'est combien?	how much is it?
l'addition, s'il vous plaît	could you bring the bill, please

Les nombres / Numbers

Les nombres	Numbers
soixante	60
soixante-dix	70
quatre-vingts	80
quatre-vingt-dix	90
cent	100
un euro vingt	one euro twenty

Où habites-tu? / Where do you live?

Où habites-tu?	Where do you live?
où habites-tu?	where do you live?
j'habite à…	I live in…
c'est…	it's…
un grand village	a big village
un petit village	a small village
une grande ville	a big town
une petite ville	a small town
près de…	near…
c'est bien?	is it OK?
oui, c'est bien	yes, it's OK/fine
non, c'est super nul	no, it's rubbish
bof, ça va	it's so-so
super	brilliant
très bien	very good
assez ennuyeux	quite boring

La famille / The family

La famille	The family
mon père	my father
mon beau-père	my stepfather
mon grand-père	my grandfather
mon frère	my brother
ma mère	my mother
ma belle-mère	my stepmother
ma grand-mère	my grandmother
ma sœur	my sister
tu habites avec qui?	who do you live with?
mon père habite à…	my dad lives in…
mes grands-parents habitent à…	my grandparents live in…
c'est quoi en français, …?	what is … in French?

Grammaire:

Masculine and feminine adjectives: *un petit village   une petit**e** ville*

Three words for 'my': **mon** *frère*, **ma** *sœur*, **mes** *parents*

Stratégies!

★ saying words as you write them

★ recycling familiar language

★ asking your teacher for new words that you need

★ pronunciation: *oi, -tion, -sion*

Cross-topic words

très – *very*   **assez** – *quite*

Unité 3 (Des problèmes? Consulte la page 33.)

1 💿 Écoute (1–6). Les images sont correctes? Écris *oui* (✓) ou *non* (✗).

2 ✏️ Identifie les opinions et les matières.

Exemple: **1** J'aime le français et la technologie.

3 ✏️ *Tu* ou *vous*? Écris trois questions à Charlotte et trois questions à Madame Derel.

Exemple:
1 Tu as un bic, s'il te plaît, Charlotte?

1 un b_c
2 une g_mm_
3 un cr_y_n
4 un c_h__r
5 une f___ll_ d_ p_p__r
6 une r_gl_

Charlotte   Madame Derel

Unité 4 (Des problèmes? Consulte la page 41.)

4 a 📖 Recopie chaque dialogue dans le bon ordre.   chaque – *each*

A
– Oui. Quels parfums?
– Je voudrais une glace à deux boules.
– Ça fait un euro trente.
– Voilà. Merci.
– Cassis et banane.

B
– Je voudrais un sandwich au jambon.
– Vous désirez?
– Oui, Monsieur.
– Et un coca.
– Pas de problème.

C
– Non, c'est une petite ville.
– Tréguier, c'est un village?
– J'habite à Tréguier.
– Mes grands-parents habitent à Rennes.
– Et tes grands-parents habitent où?
– Où habites-tu?

4 b 💬 Joue (et adapte) les trois dialogues.

Continue ton dossier personnel!

✏️ **Le collège** Exemples:
● Le lundi, j'ai français, ...
● J'aime les maths, parce que...
● Mme Green est la prof de musique.

✏️ **La ville et la famille** Exemples:
● J'aime les glaces, le coca et les frites!
● J'habite à Bramham. C'est un petit village près de Leeds. C'est assez bien.
● Mes grands-parents habitent à York.

Joyeux Noël!

la bûche de Noël

des huîtres

de la dinde

Joyeux Noël!

Bonne année!

Le gâteau de Noël traditionnel, c'est la bûche de Noël. Miam-miam! C'est délicieux!

Beaucoup de familles prennent le dîner de Noël le soir du 24 décembre. On mange souvent des huîtres et de la dinde.

Vive le vent, vive le vent
Vive le vent d'hiver
Qui s'en va sifflant, soufflant
Dans les grands sapins verts.

Vive le temps, vive le temps
Vive le temps d'hiver
Boules de neige et jour de l'an
Et bonne année, grand-mère!

les cadeaux

une chaussure

On échange des cadeaux de Noël. Le "Père Noël" dépose les cadeaux pour les petits enfants dans les chaussures

En janvier et en février, on fait du ski dans les Alpes!

1 🔘 Chantez en classe: *Vive le vent!*

2 Fais une carte de Noël – en français!

3 *Are these aspects of Christmas the same or different in Britain and France?*

   a there are special Christmas songs

   b people eat traditional dishes; when and what they eat

   c Father Christmas leaves presents; where they're left

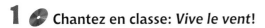

5 Les activités

5A Le sport

- say what sports you play
- use *je/tu* + verb endings
- work out the meaning of new words; listen for pronunciation

A

Je joue au basket.

B

Je joue au ping-pong.

C

Je joue au tennis.

1 a  Écoute et note les lettres (A–F) dans le bon ordre.

Exemple: **C, …**

D

Je joue au football.

E

Je ne joue pas au rugby.

F

Je ne joue pas au badminton.

Stratégies!

You know *je n'aime pas* = 'I don't like'.

- What do you think *je ne joue pas* means?

1 b 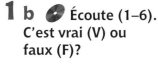 Écoute (1–6). C'est vrai (V) ou faux (F)?

Exemple: **1 V**

 1   **2**   **3**   **4**   **5**  **6**

1 c  Écoute les sports (1–12). C'est en français (f) ou en anglais (a)?

2 🗨 Joue et adapte le dialogue.

A Tu joues au tennis?
B *Oui, je joue au tennis. Et toi?*
A Non, je ne joue pas au tennis.
B *Tu joues au rugby? …*

> Madame, c'est quoi en français, *volleyball*?

> C'est facile! C'est "volley-ball"!

> Salut! Je m'appelle Romain. J'adore le sport! Je joue au badminton au collège, et je joue au basket aussi. Le jeudi, je joue au ping-pong dans un club.

> J'habite près d'Albertville, dans les Alpes, et j'adore le ski! Mais je ne joue pas au rugby – je déteste ça!

3 📖 Romain aime quels sports? Note les lettres.

Exemple: **B, …**

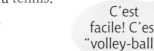

A
B
C

D
E
F
G

aussi – also, too   mais – but

4 a 💿 Écoute (1–6) et note les bons détails (A–E).

Exemple: 1 B (avec une copine)

Je joue au baby-foot avec un copain.

B avec une copine
with a female friend

A avec un copain
with a male friend

Je joue au tennis…

C avec des copains
with friends

E dans un club

D au collège

4 b ✏️ Écris les phrases.

Exemple: 1 Je joue au football avec un copain.

1 Je joue au 🏐 avec 👤 .

2 Je joue au 🏀 aussi, avec 👤 .

3 Je (…) 🎾 au **collège** .

4 Je (…) 🏓 avec 👤 dans **club** .

5 Je (…) 🏐 aussi, (…) 👤👤 .

6 Mais je (…) 🏒 (…) **collège** .

5 ✏️ Recopie et complète les phrases: -e/-es
Vérifie avec ton/ta partenaire.

1 – Comment t'appell☐-tu?
   – Je m'appell☐ Luc.

2 – Où habit☐-tu?
   – J'habit☐ à Rennes.

3 – Tu aim☐ le sport?
   – Oui, je jou☐ au tennis. Et je jou☐ aussi au ping-pong.

◀

> **Grammaire:** *je, tu* + **present tense verbs**
> Regular verbs take the following endings:
> **je** *jou***e**   **tu** *jou***es**   **j'**aim**e**   **tu** *aim***es**
> I play   you play   I like   you like
> ● What's the difference between the two forms?
> ● Remember: the 's' is not pronounced!

6 a 💬 Joue les deux dialogues.

1 A Tu aimes le sport?
   B *Non, mais je joue au football au collège.*
   A Tu joues aussi au tennis?
   B *Non, je ne joue pas au tennis.*

2 B Tu aimes le sport?
   A *Oui, je joue au basket dans un club.*
   B Tu joues aussi au ping-pong?
   A *Oui, je joue au ping-pong avec des copains.*

> tu aimes le sport?
> je joue/je ne joue pas…
>   au basket   au ping-pong
>   au tennis   au badminton
>   au football au rugby
> avec… un copain/une copine/des copains
> au collège/dans un club
> tu joues au basket aussi?
> non, mais je joue au football

6 b 💬 *extra!* Invente et joue un dialogue similaire.

5B La routine de Romain

- talk about daily routine
- use *il/elle* + verb endings

Il travaille au collège. Il adore les maths, mais il n'aime pas l'histoire-géo.

À 12h30, Romain déjeune à la cantine.

Romain arrive au collège à 7h55.

Le soir, il dîne à 20h avec sa famille

Puis il travaille dans sa chambre. Romain déteste les devoirs.

Il rentre à la maison à 16h30, et il regarde la télé.

1 a 🔘 Écoute et réponds aux questions.

Exemple: **1** à 7h55

1 Romain arrive au collège à quelle heure?
2 Il aime les maths?
3 Il déjeune à la maison?
4 Il rentre à la maison à quelle heure?
5 Il dîne à quelle heure?
6 Il adore les devoirs?

1 b 🔘 Écoute la version 2 et compare. Il y a une différence? Lève la main!

2 ✏️ Écris les phrases avec les verbes corrects.

1 Elle arrive / arrives au collège à 8h.
2 Je déjeune / déjeunes à la cantine.
3 Tu regarde / regardes la télé, Sarah?
4 J' adore / adores les sciences.
5 Mon frère rentre / rentres à 17h30.

Grammaire: *il, elle* + present tense verbs

je joue tu joues il/elle jou?

- Write all the verbs you can find on this page.

Exemple: **Romain arrive; il travaille**

- Look at your collection of verbs: what is the ending on regular verbs after *il/elle*?

il/elle	arrive	
je (j')	travaille	au collège
	déjeune	à la cantine
	rentre	à la maison
	regarde	la télé
	dîne	à 18h30
	déteste	les devoirs

3 📖 Regarde les images A–H. C'est Laurent ou Alexia?

Exemple: **A** Laurent

> Je m'appelle **Laurent**. J'arrive au collège à huit heures. Je déjeune au collège, à la cantine. Je rentre à la maison à seize heures. Le soir, je dîne à dix-neuf heures trente. Je déteste les devoirs!

> Ma copine **Alexia** arrive au collège à sept heures trente. Elle habite près du collège et elle déjeune à la maison. Le soir, elle regarde la télé. Alexia aime les maths, mais elle n'aime pas le dessin.

4 a 💬 Interviewe ton/ta partenaire. Note les réponses.

A Tu arrives au collège à quelle heure?
B *J'arrive au collège à…*
A Tu déjeunes où?
B *Je déjeune à la cantine/à la maison.*
A Tu rentres à la maison à quelle heure?
B *Je rentre à la maison à…*
A Tu dînes à quelle heure?
B *Je dîne à…*

extra! Pose 5–8 questions.

Exemples: ● **Tu regardes la télé?** ● **Tu aimes… ?**

4 b ✏️ Décris la routine de ton/ta partenaire. Écris quatre phrases.

extra! Écris 5–8 phrases.

Exemple: Jack arrive au collège à 8h50. Il déjeune…

Elisabeth travaille au collège!

5C Le week-end

- say what you do at the weekend
- understand *nous* and *vous*, and use correct verb endings
- learn how to pronounce *u* and *ou*

1 a  Trouve les paires.

Exemple: **1 E**

1 b 💿 Écoute (1–6). C'est quelle phrase (A–F)?

A J'écoute de la musique.
B Je loue des vidéos.
C J'invite des copains.
D Je regarde la télé.
E Je surfe sur Internet.
F Je joue aux jeux vidéo.

🗣️💬 Prononciation: *u* and *ou*

2 a 💿 Écoute. C'est quel mot?

1	jus; joue	**4**	sur; sourd
2	jure; jour	**5**	lu; loue
3	pure; pour	**6**	vu; vous

2 b 💿 Écoute et prononce:
u: musique, sur, rugby
ou: écoute, loue, joue

En France, ça s'appelle le… ?

2 c Prononce les phrases A–F de l'exercice 1. Attention à *u* et *ou*!

3 a 💿 💬 Écoute et joue les dialogues.

A Tu surfes sur Internet le week-end?
B Oui, **souvent**.

A Tu invites des copains?
B Oui, **parfois**.

A Tu loues des vidéos?
B Non, **jamais**.

3 b 💬 *extra!* Pose des questions similaires à ton/ta partenaire. (*Tu écoutes… ? Tu regardes…? etc.*)

4 ✏️ Écris des phrases complètes. Vérifie avec ton/ta partenaire.

Exemple: **J'écoute de la musique.**

Je loue · des copains. · aux jeux vidéo. · Je regarde

sur Internet. · J'invite · la télé. · Je joue · J'écoute

des vidéos. · Je surfe · de la musique.

Et vous regardez parfois la télé en famille?

Tu surfes sur Internet, Romain?

Oui, je surfe sur Internet le week-end.

Oui, nous regardons souvent la télé.

5 📖 **Romain et sa famille.** *Find the French for*:
1 you (*two words*)   **2** we (*one word*)

6 💿 **Écoute les questions (1–6). C'est une question à Romain (R), ou à Romain et sa famille (R + F)?**

◀ **Grammaire:** *nous, vous* + present tense verbs

– **vous** = 'you', when you're talking to an adult:
  *Avez-***vous** *une règle, s'il* **vous** *plaît, madame?*

– *vous* – 'you', when you're talking to more than one person:
  Vous *travaillez, Pierre et Anne?*

– **nous** = 'we'

● Look at the verb endings:

  je surf**e**

  tu surf**es**

  il/elle surf**e**

  nous surf**ons**

  vous surf**ez**

7 🖊 **Identifie et note les mots (1–6).**

Exemple: 1 regardons

| avec | c'est | grands-parents |
| mon | parfois | regardons |

Le week-end, ma famille et moi, nous …**(1)**… souvent la télé. Parfois, …**(2)**… frère et moi, nous surfons sur Internet. …**(3)**… super!

Le samedi, je joue aux jeux vidéo …**(4)**… mes copains. …**(5)**…, nous écoutons de la musique. J'adore les jeux vidéo.

Le dimanche, nous invitons mes …**(6)**… .

8 a 🖊 **Prépare un sondage: recopie le questionnaire.**

Sondage: Ta famille et toi…	souvent	parfois	le week-end	jamais
1 Vous regardez la télé en famille?				
2 Vous déjeunez en famille à midi?				
3 Vous dînez en famille le soir?				
4 Vous louez des vidéos?				

un sondage – *a survey*

8 b 💬 **Pose les questions à huit personnes de ta classe.**

| tu joues aux jeux vidéo? | oui, parfois/souvent/le week-end |
| vous louez des vidéos? | non, jamais |

5D extra! Les activités de ma famille

- say what members of your family do
- use *ils*, *elles* and the full present tense pattern
- learn verb endings by heart

1 a 💿 Écoute et lis. Écris les lettres A–D dans l'ordre chronologique.

1 b 📖 La photo correspond à quel texte?

1 c 💿 Écoute les phrases (1–8). C'est vrai (V) ou faux (F)?

A
Ma sœur aime les jeux vidéo. Le jeudi, elle invite une copine et elles jouent aux jeux vidéo à deux. Moi, j'écoute de la musique.

B
Ma mère travaille en ville le mardi soir. Ma sœur et moi, nous restons à la maison. Nous regardons souvent la télévision.

C
Le mercredi soir, je n'ai pas de devoirs pour le collège. Je surfe sur Internet: j'aime les sites web de mes stars préférées.

D
Mes parents adorent la musique. Ils écoutent souvent des CD le week-end. Mon père joue aussi au football.

2 a

Grammaire: *ils, elles* + present tense verbs

- There are two words for 'they':
  ils = they (all male, or mixed group);
  👦👦 or 👦👧 or 👦👦👧👧
  elles = they (female).
  👧👧

- The 's' in **ils** and **elles** isn't pronounced.
  The verb ending -*ent* isn't pronounced either.
  Ils surf**ent** sounds the same as *il surfe*.
- Find three examples of the -*ent* ending in exercise 1.

- So now you've met the full pattern:
- Which four endings sound the same?
- Can you say the whole pattern off by heart?

*je regard***e**	-e
*tu regard***es**	-es
*il/elle regard***e**	-e
*nous regard***ons**	-ons
*vous regard***ez**	-ez
*ils/elles regard***ent**	-ent

2 b ✏️ Écris cinq phrases correctes.

Exemple: **1 Nous invitons parfois des copains.**

1 Nous	regardent
2 Ils	travaillez
3 Vous	détestes
4 Je	invitons
5 Tu	surfe

sur Internet.
au collège?
parfois des copains.
la télé le week-end.
les devoirs?

2 c ✏️ Recopie et complète les phrases. Vérifie avec ton/ta partenaire.

jou-　regard-　invit-　surf-　écout-

1　Mes parents **(...)** de la musique et ils **(...)** la télé.
2　Mes copains **(...)** souvent aux jeux vidéo.
3　Le week-end, mes deux frères **(...)** des copains.
4　Mes parents **(...)** souvent sur Internet.

Le sport	Sport
tu aimes le sport?	*do you like sport?*
je joue…	*I play…*
mais je ne joue pas…	*but I don't play…*
au basket	*basketball*
au ping-pong	*table tennis*
au tennis	*tennis*
au badminton	*badminton*
au football	*football*
au rugby	*rugby*
avec un copain	*with a male friend*
avec une copine	*with a female friend*
avec des copains	*with friends*
au collège	*at school*
dans un club	*in a club*

La routine — *Daily routine*

il arrive au collège	*he arrives at school*
il travaille	*he works*
il déjeune	*he has lunch*
il dîne	*he has his evening meal*
il regarde la télé	*he watches TV*
il rentre à la maison	*he returns home*
il déteste les devoirs	*he hates homework*
à la cantine	*in the canteen*
à la maison	*at home*
à quelle heure?	*at what time?*
à 18h00	*at 6 pm*

Le week-end — *At weekends*

j'écoute de la musique	*I listen to music*
j'invite des copains	*I invite friends*
je loue des vidéos	*I hire videos*
je surfe sur Internet	*I surf the Internet*
tu joues aux jeux vidéo?	*do you play video games?*
oui, je joue aux jeux vidéo	*yes, I play video games*
vous regardez la télé en famille?	*do you watch TV as a family? (i.e. together)*
parfois	*sometimes*
souvent	*often*
le week-end	*at weekends*
non, jamais	*no, never*

Les pronoms — *Pronouns*

je	*I*
tu	*you (1 younger person)*
il	*he*
elle	*she*
nous	*we*
vous	*you (1 older person, or group of people)*
ils	*they (male, or male and female)*
elles	*they (female only)*

Grammaire:

regular verbs: the full present tense pattern

*je travaill**e***	**-e**	*nous travaill**ons***	**-ons**
*tu travaill**es***	**-es**	*vous travaill**ez***	**-ez**
*il/elle travaill**e***	**-e**	*ils/elles travaill**ent***	**-ent**

Stratégies!

★ working out the meaning of new words and phrases

★ learning verb endings by heart

★ pronunciation: *u* and *ou*

souvent – *often*
parfois – *sometimes*

6 Ma ville

6A Il y a un cinéma

- say what places there are where you live
- use *il y a*; use two words for 'in': *dans/à*
- make a question out of a statement

un cinéma

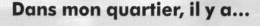

Dans mon quartier, il y a...

1 a Écoute (1–9). Note les lettres (A–I).

1 b Écoute et répète.

un terrain de football

un parc d'attractions

une piscine

une patinoire

beaucoup de cafés (*m*)

beaucoup de magasins

mon quartier – *my part of town*

2 À Vardon, il y a... ? Lis et note les lettres.

Exemple: **A, ...**

Amir habite à Nice, dans un quartier moderne qui s'appelle Vardon. Il aime son quartier. Pourquoi? Parce qu'il y a un bowling, une piscine et une patinoire. Il y a un grand centre sportif, aussi. Et Amir adore le sport!

Grammaire: *il y a*

il y a means 'there is' or 'there are'
il y a un cinéma – there is a cinema
il y a beaucoup de cinémas – there are lots of cinemas

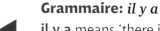

un bowling

un centre sportif

3 ✎ Écris des phrases. Vérifie avec ton/ta partenaire.

Exemple: **1 Dans mon quartier, il y a un centre sportif.**

1 Dans mon quartier, … | un | il y a | sportif | centre |

2 À Nice, … | beaucoup | il y a | de | magasins |

3 À Poitiers, … | d'attractions | un | parc | il y a |

4 Dans mon village, … | un | de | il y a | football | terrain |

5 Dans mon quartier, | une | un | patinoire | il y a | bowling | et |

Stratégies! *Making statements into questions*

Il y a un bowling is a statement. You can make it into a question by

– (more informal) changing the tone of your voice: *Il y a un bowling?*

– (less informal) putting *est-ce que* in front: *Est-ce qu'il y a un bowling?*

4 a 💿 Regarde les informations sur Aville. Écoute les questions. Réponds *oui* ou *non*.

| Aville | Béville | Céville | Déville |

4 b 💬 C'est quelle ville?

Exemple:

A Est-ce qu'il y a une patinoire?
B *Non.*

A Est-ce qu'il y a un centre sportif?
B *Oui.*

A Ah! C'est Céville!
B *Oui!*

est-ce qu'il y a		un parc d'attractions?
dans mon quartier		un bowling un centre sportif
dans mon village	il y a	un cinéma un magasin
à Nice		un café un terrain de football
		une piscine une patinoire
	beaucoup de	magasins cafés
		terrains de football

5 ✎ Écris des phrases.

Exemple: **À Nice, il y a un centre sportif.**

1 Nice – centre – sportif   **2** village – patinoire

3 quartier – terrain – football   **4** village – beaucoup – cafés

extra! **5** Paris – beaucoup – cinémas – et – beaucoup – magasins

       6 qrtr – 2 – trrns – ftbll – + – 1 – bwlng

Grammaire: *dans/à*

Dans means 'in': ***dans** mon village* – in my village

But use **à** with the name of a town or a village: **à** *Paris* – in Paris

6B Super pour les jeunes!

- say what there isn't where you live
- make negative sentences with *il n'y a pas de...*
- read for gist; look up words in a dictionary

Ludovic: Je n'aime pas mon quartier. C'est nul pour les jeunes parce qu'il n'y a pas de cafés et il n'y a pas de magasins.

Sarah

1 a 📖 Quiz! Ils habitent où?

Exemple: Sarah habite à...

Karim: Ma ville, c'est super pour les jeunes! Bon, il n'y a pas de parc d'attractions, mais il y a beaucoup de cafés et un grand bowling.

Karim

Sarah: J'aime ma ville. C'est bien pour les jeunes parce qu'il y a un bowling et une patinoire. Mais il n'y a pas de piscine.

Alice: J'habite dans un village. C'est super nul pour les jeunes. Il n'y a pas de cinéma, et il n'y a pas de terrain de foot.

Alice

Andon

Brion

Masserac

Sérac

Luçon

Gourdin

1 b 💿 Écoute (1–6). C'est vrai (V) ou faux (F)?

Exemple: **1 F**

> **Grammaire:** *pas de...*
>
> **Il n'y a pas de...** means 'there isn't a...' or 'there aren't any...':
>
>   *il n'y a pas de* patinoire – there isn't a skating rink
>
> Note: you don't use *un* or *une* after *pas de*!

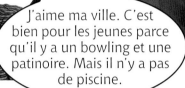
 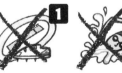

2 ✏️ Écris des phrases négatives (1–6). ▶

Exemple: **1** Il n'y a pas de centre sportif.

3 💬 C'est vrai ou faux?
Regarde les villes de l'exercice 1.

A À Andon, il y a une patinoire.

B C'est faux! Il n'y a pas de patinoire. À Luçon, il y a ...

4 💿 **Ça s'écrit comment? Écoute (1–5). Écris le nom des cinq villes.**

Exemple: **1** Fréjus

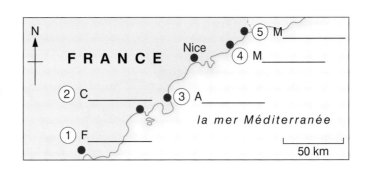

5 ✏️ **Ta ville/Ton quartier/Ton village, c'est bien pour les jeunes?**

Exemple:

> Mon village s'appelle Newton. C'est nul pour les jeunes parce qu'il n'y a pas de cafés. Il y a un magasin et un terrain de football, mais il n'y a pas de cinéma.

j'aime je n'aime pas	mon quartier ma ville mon village
c'est bien/nul	pour les jeunes

| parce qu'il y a un centre sportif
parce qu'il n'y a pas de magasins | |

6 Stratégies!

Getting the general idea of a text

When you're trying to get the general idea of what a text is about, you don't have to understand every word. Skim through and look for familiar words.

a Skim through the text opposite and say what paragraphs **A**, **B** and **C** are about. Choose from:

museums   **water sports**   **location**   **history**   **eating and shopping**

b You're now better prepared to find the information your family wants:

1 Where can we find restaurants?
2 What sea is Nice on?
3 Can I go water skiing?

Stratégies! *If you don't know a word…*

– You can ask your teacher: *Madame, c'est quoi en français, railway station? C'est une gare.*

– You can look in a dictionary, but remember the grammar you've learnt!

station *n* gare *f*   ◀ *f* shows the word is feminine. So it's: *Il y a une gare.*

market *n* marché *m*   ◀ *m* shows the word is masculine. So it's: *Il y a un marché.*

● In the glossary (page 134), find the French for:

1 bank   **2** bridge   **3** museum   **4** fountain

Nice – la perle de la Côte d'Azur

A Nice est sur la mer Méditerranée, une grande ville du sud de la France. Nice se trouve près de Monaco et près de l'Italie.

B Nice est un paradis pour les amateurs de sports nautiques: ski nautique, planche à voile, parachutisme ascensionnel. Admirez aussi les yachts dans le port de Nice.

C Il y a beaucoup de restaurants et de cafés dans les petites rues médiévales du centre de Nice. Il y a aussi des magasins et des boutiques intéressantes.

6C Il y a un barbecue

- say times and arrange when to meet
- use à to mean 'in' and 'at'

1  Écoute et répète.

1 Il est six heures dix.

2 Il est six heures et quart.

3 Il est six heures et demie.

4 Il est midi.

5 Il est onze heures moins vingt.

6 Il est onze heures moins le quart.

7 Il est onze heures moins dix.

8 Il est minuit.

2 Écoute (1–6). C'est vrai (V) ou c'est faux (F)?

Exemple: **1** V

4 10:10 **5** 10:30 **6** 10:45

3 a C'est quel numéro?

Exemple: **A** Il est une heure.
         B C'est le numéro 4.

1 05:15 **2** 10:10 **3** 18:45

4 01:00 **5** 13:50 **6** 03:40

Quelle heure est-il?		
il est	une heure	dix
	deux heures	et quart
		et demie
Il est	midi	moins vingt
	minuit	moins le quart

3 b Écris les heures (1–6).

Exemple: **1** Il est cinq heures et quart.

4 En France… une heure d'avance!

Il est neuf heures à Londres…
et il est dix heures à Paris.

9:00 = *10:00*
Londres   *Paris*

L'Eurostar: départ de Londres 8h12; arrivée à Paris 11h47.

Départ   *Arrivée*
08:12   *11:47*
Londres   *Paris*

- Le voyage = ? heures.

5 a  Écoute et lis.

5 b 🗨 Joue la conversation avec ton/ta partenaire.

> **Grammaire: à**
>
> à means:
>   'in' with a place:
>   **à** *Nice* – in Nice
>   'at' with a time:
>   **à** *midi* – at midday

> **A** Il y a une soirée lundi!
>
> **B** *Super! À quelle heure?*
>
> **A** À sept heures et demie.
>
> **B** *On se retrouve à quelle heure?*
>
> **A** À sept heures et quart.

une soirée

6 🖸 Écoute (1–6). C'est vrai? Si oui, répète!

1	un concert…	jeudi	**4**	une soirée…	vendredi
2	une soirée…	samedi	**5**	un concert…	mercredi
3	un barbecue…	dimanche	**6**	un barbecue…	mardi

7 📖 Lis A–C et note:

● c'est quoi?

● c'est quand?

> quoi – *what*

A

Salut!

Il y a un barbecue chez ma tante, samedi à trois heures et demie. Tu veux venir?

Youssef

B

Léa,

Vendredi, c'est mon anniversaire. Je t'invite à une soirée chez moi à huit heures!

Noé

C

Salut, Thomas!

Il y a un concert de Néron – c'est mon groupe préféré. C'est jeudi, à sept heures et demie. Tu viens?

Charline

8 a 🗨 Joue les dialogues. Exemple? Regarde l'exercice 5a.

1

samedi
8h30, 8h15

2

vendredi
4h00, 3h45

3

dimanche
8h00, 7h30

il y a	un concert	
	un barbecue	samedi
	une soirée	
à quelle heure?		à huit heures
on se retrouve à quelle heure?		moins le quart

extra! **Invente deux dialogues similaires!**

8 b ✏️ *extra!* Écris *un* dialogue (dialogue 1, 2 ou 3).

6D La conversation continue!

- arrange where to meet
- use *un, une; le, la*
- learn how to listen to a longer text

A On se retrouve où?
B *Chez moi ou chez toi?*
A Ou devant le cinéma?
B *Non, chez moi.*
A D'accord. À sept heures et quart chez toi.

Stratégies!

- You already know *on se retrouve à quelle heure?* and *où habites-tu?* So what does *on se retrouve où* mean?

- *Chez moi* means 'at my house'. So can you work out *chez toi?*

1 a 💿 Écoute et lis. C'est quoi en français?
  1 in front of   **2** OK

1 b 💬 Joue la conversation.

2 ✏️ Écris les phrases.

Exemple: **1** On se retrouve devant la patinoire.

Grammaire: 'a' and 'the'

You've learnt:
  a cinema – **un** *cinéma*
  a skating rink – **une** *patinoire*

Now you need the word 'the':
- in front of the cinema = *devant* **?** *cinéma*.
- in front of the skating rink = *devant* **?** *patinoire*.

◀◀ Voir page 13

un... centre sportif, cinéma, bowling, collège
une... patinoire, piscine

On se retrouve où?
Chez moi ou chez toi? Devant le cinéma?
D'accord. Au revoir.

3 a 💬 Joue et adapte le dialogue.

A Il y a un concert samedi!
B *Super! À quelle heure?*
A À huit heures moins le quart.
B *On se retrouve où? Chez moi ou devant le collège?*
A Chez toi.
B *Et on se retrouve à quelle heure?*
A À sept heures?
B *Non, à sept heures dix.*
A D'accord. À sept heures dix chez toi. Au revoir!
B *Au revoir!*

3 b ✏️ extra! Écris ton dialogue.

4 💿 Stratégies!

Listening to a longer text

Don't panic: you can get a good idea of what it's about, but you're not expected to understand every word!

  le car – the coach

- Are you listening to
  a a conversation?
  b an answerphone message?
  c a radio advert?

✏️ extra! Note any details you can.

Exemple: **It's something about Kylie Minogue.**

Ma ville — My town

j'aime mon village	*I like my village*
je n'aime pas ma ville	*I don't like my town*
dans mon quartier	*in my part of the town*
dans mon village	*in my village*
à Nice	*in Nice*
il y a…	*there is/there are…*
un bowling	*a bowling centre*
un centre sportif	*a sports centre*
un cinéma	*a cinema*
un parc d'attractions	*an amusement park*
un terrain de football	*a football ground*
un café	*a café/pub*
un magasin	*a shop*
une patinoire	*a skating rink*
une piscine	*a swimming pool*
beaucoup de magasins	*lots of shops*
est-ce qu'il y a un cinéma?	*is there a cinema?*
il n'y a pas de piscine mais …	*there isn't a pool but …*
c'est bien pour les jeunes	*it's fine for young people*
c'est nul pour les jeunes	*it's rubbish for young people*

L'heure — The time

quelle heure est-il?	*what's the time?*
il est…	*it's…*
six heures dix	*ten past six*
six heures et quart	*a quarter past six*
six heures et demie	*half past six*
sept heures moins vingt	*twenty to seven*
sept heures moins le quart	*a quarter to seven*
il est midi	*it's midday*
il est minuit	*it's midnight*

Sortir — Going out

il y a	*there's*
un concert	*a concert*
un barbecue	*a barbecue*
une soirée	*a party*
samedi	*on Saturday*
dimanche	*on Sunday*
à quelle heure?	*at what time?*
on se retrouve à quelle heure?	*at what time shall we meet?*
on se retrouve où?	*where shall we meet?*
chez moi ou chez toi?	*at my place or at your place?*
devant le cinéma	*in front of the cinema*
d'accord	*OK*
au revoir	*goodbye*

Grammaire:

il y a un/une…	there is a…
il y a beaucoup de…	there are lots of…
il n'y a pas de…	there isn't a…/there aren't any…

à: 'in' with towns: *à Paris*   in Paris
'at' with time: *à sept heures*   at seven o'clock

in: **dans** *ma ville*	in my town
à *Paris*	in Paris

articles: masculine – **un**: a, an; **le**: the
feminine – **une**: a, an; **la**: the

Stratégies!

★ using *est-ce que* to ask a question

★ reading and listening for gist

★ looking up words in a dictionary

Cross-topic words   dans – *in*   d'accord – *OK*

Unité 5 (Des problèmes? Consulte la page 51.)

1 ✏️ Écris les phrases.

Exemple: je joue au… /je ne joue pas au…

2 💿 Écoute (1–8). Note les détails.

Exemple: **1** à 7h50

1 J'arrive au collège…

2 Je déjeune à la…

3 Puis, je joue au football avec…

4 Je rentre à la maison…

5 Je joue au basket…

6 Normalement, je…

7 Puis je regarde la télé avec…

8 … ou je joue…

Unité 6 (Des problèmes? Consulte la page 59.)

3 📖 ✏️ Recopie les six phrases dans l'ordre chronologique.

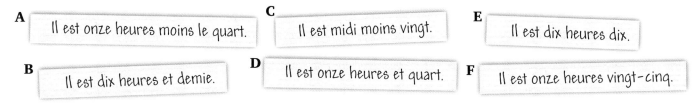

A Il est onze heures moins le quart.

C Il est midi moins vingt.

E Il est dix heures dix.

B Il est dix heures et demie.

D Il est onze heures et quart.

F Il est onze heures vingt-cinq.

4 a 📖 Questions et réponses: trouve les paires.

Exemple: **1** C

1 Est-ce qu'il y a une patinoire dans la ville?

2 Quelle heure est-il?

3 On se retrouve où?

4 Ta ville, c'est bien pour les jeunes?

5 On se retrouve à quelle heure?

A Il est trois heures et demie.

B Non, c'est nul, parce qu'il n'y a pas de cinéma.

C Oui, près de chez moi.

D À cinq heures moins le quart.

E Devant la piscine.

4 b 💬 Joue les dialogues.

4 c 📖 Écris les cinq questions en anglais.

Continue ton dossier personnel!

✏️ **Les sports, la routine, les passe-temps**

Exemples:

● Je joue au tennis dans un club.

● Ma routine: j'arrive au collège à 8h15, …

● Le week-end, j'invite des copains et je…

✏️ **Ma ville**

Exemples:

● Ma ville s'appelle…

● Dans mon quartier, il y a des cafés, …

● C'est nul pour les jeunes: il n'y a pas de…

Les cafés en France

Dans un café français, il y a un bar. On sert de l'alcool: du vin et de la bière, du whisky et du cognac. Mais on peut aussi commander un café, un grand crème, un coca ou un jus d'orange.

Et normalement, on peut aussi commander un sandwich au jambon ou un sandwich au fromage.

Tu veux un gâteau? Ne va pas dans un café! Va dans une pâtisserie!

Attention!
Il y a parfois des prix différents!
Prix minimum: au bar, à l'intérieur.
Prix maximum: sur la terrasse, à l'extérieur.

Un café en France, c'est pour toute la famille: il n'y a pas d'âge minimum.

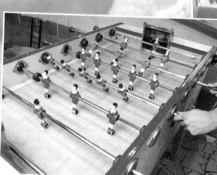

le baby-foot

Il y a souvent des jeux dans un café: un flipper ou un baby foot, par exemple.

1 List eight drinks and two snacks served in a French café.

2 Where are the prices highest in a French café?

3 What is the minimum age at which you can go into a French café?

4 You might see the French words *gâteau* and *pâtisserie* in your supermarket. What do they mean in English? Look up the words in the glossary (page 134) if you're not sure!

on sert… – … *is served*
on peut – *you can*
commander – *order*
toute – *all*

7 Tu vas où?

7A Je vais souvent au cinéma

- learn how to say where you go in your free time
- learn how to use 'to the': *au/à la*

Tu vas où, le mercredi?

Lise

Je vais souvent à la piscine, et je vais aussi au bowling.

Stratégies!

Do you remember *j'ai/je n'ai pas* and *il y a/il n'y a pas*?

Now look at the new language: *je vais, je ne vais pas*

- Which means 'I go' and which means 'I don't go'?

1 a 💿 Écoute et lis.

1 b 📖 C'est quoi en français?

1 *I go*	3 *I don't go*	5 *I often go?*
2 *you go*	4 *I sometimes go*	

1 c 📖 C'est qui: Chloé, Lise ou Théo? Exemple: **1 A Théo**

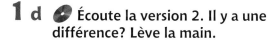

1 d 💿 Écoute la version 2. Il y a une différence? Lève la main.

1 e 💬 Lis le texte (**A** – deux rôles, **B** – deux rôles).

2 a ✏️ Recopie les phrases avec la bonne option.

1 Je vais au / à la cinéma.
2 Je ne vais pas au / à la bowling.
3 Mais je vais parfois au / à la piscine.
4 Et je vais souvent au / à la patinoire.
5 Tu vas parfois au / à la centre sportif?
6 Je ne vais pas au / à la terrain de football.

2 b 💿 Écoute (1–5) et note les lettres.

Exemple: **1 C, D**

> **Grammaire: *à***
>
> à: You know **à** can mean 'in' or 'at':
>
> > **à** *Paris* – **in** Paris
> > **à** *la maison* – **at** home
> > **à** *une heure* – **at** one o'clock
>
> **à** can also mean 'to'. But watch out: **à** changes when used with *le*:
>
> masc. singular: (à + le) ➡ au *Je vais **au** cinéma.*
> I go to the cinema.
>
> fem. singular: à la *Tu vas **à la** piscine?*
> Do you go to the pool?

2 c ✏ **extra!** Et toi? Écris six phrases pour les images A–F (page 62, exercice 2b).

Exemple: **Je vais parfois… et je vais souvent…**
Le week-end, je vais… Mais je ne vais pas…

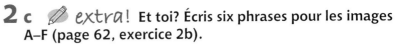

tu vas parfois… ?			cinéma, bowling
oui, je vais	parfois	au	centre sportif
	souvent		terrain de football
	aussi		parc d'attractions
le week-end,	je vais	à la	patinoire
non, je ne vais pas			piscine

3 a 💬 Pose les questions à ton/ta partenaire.

Exemple: **A** Tu vas parfois au bowling?
B *Oui, je vais souvent au bowling.*

Tu vas parfois….

1 au bowling?
2 à la patinoire?
3 au parc d'attractions?

4 au centre sportif?
5 à la piscine?
6 au cinéma?

3 b ✏ Écris quatre questions et quatre réponses.

Exemple: **1** Tu vas parfois au bowling?
Non, je ne vais pas au bowling.

4 📖 What do these numbers refer to in the article?
a 1895 **b** 28 **c** 33 **d** 1

5 Stratégies! *Double for your money!*

Moi, je ne vais pas au bowling. Je vais parfois au cinéma.

Chloé

Moi, je vais à la patinoire, et le soir je vais au centre sportif.

Théo

L'histoire du cinéma: les frères Lumière

En 1895, les frères français Auguste et Louis Lumière inventent le "cinématographe" (caméra et projecteur dans *un* instrument).

Et la première projection de cinéma payante? C'est le 28 décembre 1895, à Paris. Il y a 33 spectateurs. Ils paient 1 franc français.

You now know how to say 'I go to the…' (present tense).

If you learn *je suis allé* (I went), you can say:
'I went to the…' (past tense).

Boys write: *Je suis allé au/à la…*
Girls write: *Je suis allée au/à la…*

Tu es allée où, mercredi?

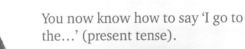
Jeudi, à St-Père.

Je suis allée au cinéma à St-Malo.

• Réponds à ton prof!

Tu es allé où, le week-end dernier?

7B Les copains de Chloé

- say where a friend goes at weekends
- use the verb *aller* (to go): singular

Le week-end, …

1 a 🔘 Écoute (1–9). Note l'ordre (A–I).

Exemple: **1 A (Adrien)**

A Adrien va souvent à la bibliothèque.

B Marine va au club des jeunes.

1 b 🔘 Écoute (1–6). Note le jour.

Exemple: **1 le mardi**

C Pauline va parfois à la campagne.

D Fabien va au club de théâtre.

E Laurent va à la chorale.

F Bastien va au parc.

G Raphaëlle va au club d'informatique.

H Karine va à la mer.

I Nathalie va parfois au marché.

2 ✏️ Il/Elle va où le week-end? Écris les phrases.

Exemple: **1 Camille va à la campagne.**

1 Camille va à la (**gne – pa – cam**).

2 Kévin va souvent à la (**thèque – lio – bib**)
et il va au club de (**tre – â – thé**).

3 Sarah va parfois au club des (**nes – jeu**)
ou au club d' (**tique – in – ma – for**).

4 Le samedi, Richard va au (**ché – mar**).
Le dimanche, il va à la (**rale – cho**).

3 ✏️ Recopie et complète les phrases.

1 Le lundi, je (…) au collège et ma mère (…) à la bibliothèque.
2 Le week-end, mon frère (…) au club des jeunes.
3 Et toi? Tu (…) où le week-end? Je (…) à la campagne.

> **Grammaire:**
> the verb *aller* (to go)
>
> *je* vais — I go
> *tu* vas — you go
> *il/elle* va — he/she goes

Le week-end, c'est super! Je vais parfois à la piscine avec mes copains, ou je vais à la campagne avec mes parents.
Alexandre

Le week-end? C'est nul! Je regarde la télé et je surfe sur Internet. C'est ennuyeux.
Claire

Mes parents travaillent le week-end. Je vais au club d'informatique près de mon collège. J'adore l'informatique!
Angélique

Moi, j'aime beaucoup les week-ends. Pourquoi? Parce que je ne vais pas au collège!
Éric

Le week-end, nous dînons à huit heures et puis nous regardons une vidéo ou nous jouons aux cartes. C'est amusant!
Sandrine

J'ai beaucoup de devoirs le week-end, et je déteste les devoirs! Mais parfois je joue au badminton avec mon père.
Nicolas

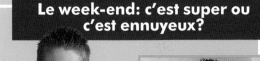

Le week-end: c'est super ou c'est ennuyeux?

4 a  Lis et réponds. Qui…

1 … va au club d'informatique?
2 … joue au badminton?
3 … regarde une vidéo?
4 … surfe sur Internet?
5 … va à la piscine?
6 … déteste les devoirs?

4 b 📖 *extra*! Réponds aux questions.

Exemple: 1 Il va parfois à la piscine et il va…

1 Alexandre va où le week-end?
2 Est-ce que Nicolas aime les devoirs?
3 Sandrine dîne à quelle heure le week-end?
4 Qui n'aime pas le week-end?
5 Éric aime le week-end. Pourquoi?

5 a ✎ Complète la phrase de ton/ta partenaire.

Exemple: A Le jeudi, …
B … Chloé va au club des jeunes.

5 b ✎ Écris les six phrases.

Exemple: Le lundi, Chloé va à la bibliothèque.

		au	club de théâtre
			club d'informatique
			club des jeunes
il			marché
elle	va		parc
Chloé		à la	mer
			campagne
			bibliothèque
			chorale

La semaine de Chloé

le mardi

le mercredi

le lundi

le vendredi

le week-end

le jeudi

7C Trois attractions

- ask about prices and times at a tourist spot
- learn how to work out the meaning of new words in a text

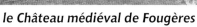

le Château médiéval de Fougères

Le Château de Fougères
- Ouvert en saison: 9h à19h
- Fermé en janvier

Le Parc Astérix
- Ouvert de 10h à 18h
- Ouvert le week-end en mai, juin et septembre
- Fermé en novembre, décembre, janvier, février

le Parc Astérix

1 a  C'est quoi en français, *open* et *closed*?

1 b Écoute (1–5): c'est vrai (V) ou faux (F)?

2 a Écoute et lis le dialogue. Madame Marchand paie combien?

Chloé, sa mère et ses deux frères visitent le Château de Fougères.

A
L'employé: Bonjour, madame.
Mme Marchand: *L'entrée, c'est combien s'il vous plaît?*
L'employé: C'est quatre euros cinquante pour un adulte et deux euros pour un enfant.
Mme Marchand: *Alors, un adulte et trois enfants.*

B
Mme Marchand: *Il y a une visite guidée à quelle heure?*
L'employé: En anglais à onze heures, et en français à onze heures vingt.
Mme Marchand: *Merci, Monsieur.*

l'entrée, c'est combien?	
c'est deux euros	pour un adulte
	pour un enfant

il y a une visite guidée à quelle heure?		
en	anglais	
	français	à dix heures et demie

2 b Joue le dialogue.

3 Écoute (1–4) et note les détails:
a C'est combien pour un enfant?
b La visite guidée en anglais est à quelle heure?

Exemple: **1 a** 2€   **b** 11h

4 a Joue les deux dialogues. Adapte la partie A du dialogue de l'exercice 2.

4 b extra! Écris les deux dialogues.

Le Parc Astérix

Prix pour un jour:
- **Gaulois Adulte** (12 ans et plus) 30 euros
- **Petit Gaulois** (de 3 à 11 ans) 22 euros

L'Abbaye-Forteresse du Mont Saint-Michel

Tarifs:
- adultes: 7 euros
- enfants: 4,5 euros

Le Mont Saint-Michel

Le Mont Saint-Michel est un site touristique spectaculaire.

C'est une petite île, près de la côte, entre la Bretagne et la Normandie.

Attention: le sable est très dangereux! C'est du sable mouvant!

Le Mont Saint-Michel

Il y a beaucoup de touristes dans les cafés et les magasins. Ils mangent des glaces et des sandwichs, et ils visitent l'abbaye.

Il y a des visites guidées et un panorama superbe.

Abbaye-Forteresse du Mont St Michel

Ouvert
- **du 02/05 au 30/09 de 9h à 17h30**
- **du 01/10 au 30/04 de 9h30 à 16h30**

Fermé
- **les 01/01, 01/05, 01/11, 11/11, 25/12**

une île – *an island*
entre – *between*
le sable – *sand*
le sable mouvant – *quicksand*
ils mangent – *they eat*
un panorama – *a view*

5 a 📖 Lis et écris les cinq phrases complètes.

1 Le Mont Saint-Michel est une petite / une grande île.
2 Le Mont Saint-Michel est près de Paris / de la côte.
3 Les touristes visitent une abbaye / un parc d'attractions.
4 En mai, c'est ouvert de neuf heures à cinq heures et demie / et quart.
5 C'est fermé le premier janvier / février.

5 b 📖 extra! Réponds aux questions.

1 Le Mont Saint-Michel est près de quelles régions françaises?
2 Le sable près du Mont Saint-Michel est dangereux. Pourquoi?
3 Les touristes font quoi au Mont Saint-Michel?

Stratégies!

Working out new words

A circumflex accent (î, ô) often corresponds to an 's' in English after the vowel. Does that help you with *île* and *côte*?

7D En août

- talk about going to other countries
- use the verb *aller* (to go): the full verb

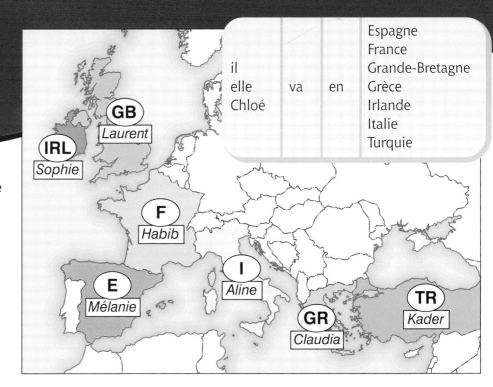

			Espagne
il			France
elle	va	en	Grande-Bretagne
Chloé			Grèce
			Irlande
			Italie
			Turquie

1 a 💿 **Écoute (1–7) et note où va chaque personne.**

Exemple: **1** en Espagne

1 b 💬 **Quiz!**

Exemple: **A** Qui va en Italie?
B *Aline va en Italie.*

2 a 💿 **Écoute et lis la lettre.**

2 b 📖 **Corrige les erreurs!**

1 Chloé va en Grande-Bretagne en juillet.
2 En août, Chloé va en Italie avec ses frères.
3 Kévin et sa copine vont en Irlande.
4 Les cousins de Chloé vont en Grèce en août.

2 c 💿 *extra!* **Écoute (1–5). C'est vrai (V) ou faux (F)?**

St-Père, le 21 mars

Salut Romain!

Ça va? Moi, ça va. En mai je vais en Grande-Bretagne avec la prof d'anglais. Cinq jours à Londres – super!

On se retrouve à Paris en juillet? En août, mes parents, mon frère Saïg et moi, nous allons en Italie. J'adore l'Italie: les glaces sont super! Mon frère Kévin va en Espagne avec sa copine, et mes cousins vont en Turquie.

Vous allez où en août?

À bientôt!

Chloé

---

3 ✏️ **Écris les phrases.**

Exemple: **je – parfois – Italie** ➡ *Je vais parfois en Italie.*

1 il – souvent – Grèce
2 tu – parfois – Irlande?
3 je – France – en juillet
4 elle – souvent – Espagne

extra!

5 vous – parfois – Turquie?
6 nous – Grande-Bretagne – en juin
7 mes parents – Italie – en décembre
8 mon père – souvent – France

◄ **Grammaire: the verb *aller* (to go)**

One form of the verb in French; two possible forms in English!

je vais	I go, I'm going
tu vas	you go, you're going
il/elle va	(s)he goes, (s)he's going
nous allons	we go, we're going
vous allez	you go, you're going
ils/elles vont	they go, they're going

Sommaire

Le week-end	**At the weekend**
tu vas parfois au cinéma?	*do you sometimes go to the cinema?*
oui, je vais parfois…	*yes, I sometimes go…*
je vais souvent…	*I often go…*
le week-end, je vais…	*at the weekend, I go…*
je vais aussi…	*I also go…*
mais je ne vais pas…	*but I don't go…*
mon copain va…	*my (male) friend goes/is going…*
ma copine va…	*my (female) friend goes/is going…*
au club des jeunes	*to the youth club*
au club de théâtre	*to theatre club*
au club d'informatique	*to computer club*
au marché	*to the market*
au parc	*to the park*
au terrain de football	*to the football ground*
à la bibliothèque	*to the library*
à la chorale	*to choir*
à la campagne	*to the countryside*
à la mer	*to the seaside*
à la patinoire	*to the ice rink*

extra!

Le week-end dernier	**Last weekend**
tu es allé(e) où, lundi?	*where did you go on Monday?*
je suis allé(e) au cinéma	*I went to the cinema*

Un site touristique	**A tourist site**
ouvert	*open*
fermé	*closed*
le château	*the castle*
l'entrée, c'est combien?	*how much is the entrance fee?*
c'est trois euros cinquante	*it's three euros fifty*
pour un adulte	*for an adult*
pour un enfant	*for a child*
il y a une visite guidée à quelle heure?	*when is there a guided visit?*
en anglais	*in English*
en français	*in French*
à onze heures vingt	*at eleven twenty*
merci, monsieur	*thank you (sir)*

Les pays	**Countries**
qui va…?	*who is going…?*
en France	*to France*
en Grande-Bretagne	*to Britain*
en Irlande	*to Ireland*
en Espagne	*to Spain*
en Italie	*to Italy*
en Grèce	*to Greece*
en Turquie	*to Turkey*
en juillet	*in July*
en août	*in August*

Grammaire:

Using 'to the'	**au** + masculine singular	*Je vais* **au** *marché*
	à la + feminine singular	*Je vais* **à la** *bibliothèque*

The verb **aller** (to go)	*je* **vais** I go, I'm going	*nous* **allons** we go, we're going
	tu **vas** you go, you're going	*vous* **allez** you go, you're going
	il/elle **va** (s)he goes, (s)he's going	*ils/elles* **vont** they go, they're going

Stratégies!

★ using your knowledge of *au/à la* in the past tense

★ deducing the meaning of words with a circumflex accent, e.g. *côte, île*

 Cross-topic words

pour – *for*　combien? – *how much?*

8 Les profils

8A Le profil de Romain

- give information about yourself
- learn how to raise the level of your French

Profil

A Je m'appelle Romain Martin et j'ai douze ans.

B Je suis français, et j'habite à Albertville, dans les Alpes.

C J'ai deux demi-frères, mais je n'ai pas de sœur. J'aime les animaux. J'ai un chat qui s'appelle Félix et des poissons tropicaux.

D *Qu'est-ce que tu aimes?*
J'adore mon gameboy et la musique de Britney Spears. J'aime aussi le football et je supporte Paris Saint-Germain.

E *Qu'est-ce que tu n'aimes pas?*
Je n'aime pas beaucoup la viande (le porc, le bœuf, etc.). Je déteste le racisme et l'injustice, aussi.

1 a 💿 Écoute et lis. C'est quel paragraphe?

Exemple: **1 B**

1 nationalité   3 aime
5 n'aime pas
2 famille   4 nom et âge

1 b 💬 Lis le profil: A – une phrase, B – une phrase, etc.

1 c 📖 Recopie le mini-profil et note les informations. ▶

Mini-profil

Nom: *Romain Martin*
Famille:
Ville:
Animaux:
Nationalité:
Âge:
Aime: *son gameboy, ...*
N'aime pas:
Supporte:

2 a 💬 Prononce:
Qu'est-ce que… ?
Qu'est-ce que tu aimes?

KESKE TU M?

Options

SAMSUNG

2 b ✏️ Écris un texto:
Qu'est-ce que tu n'aimes pas?

◀ 🗣️💬 **Prononciation:**
Qu'est-ce que… ?
The way French teenagers write *qu'est-ce que* in a text message (*un texto*) shows you how it's pronounced: KESKE.

3 a **Pose les deux questions à ton/ta partenaire.**

Exemple: **A** Qu'est-ce que tu aimes?
B *J'aime les animaux.*
A Qu'est-ce que tu n'aimes pas?
B *Je déteste la musique de Westlife.*

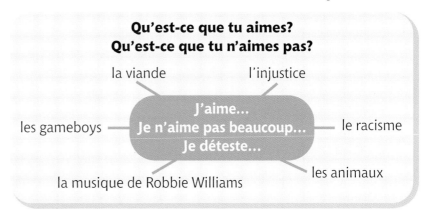

Qu'est-ce que tu aimes?
Qu'est-ce que tu n'aimes pas?

la viande   l'injustice

les gameboys — J'aime… Je n'aime pas beaucoup… Je déteste… — le racisme

la musique de Robbie Williams   les animaux

3 b Stratégies!

Raising the level of your French (1)

You can use words from earlier units, e.g.
*J'adore **le chocolat**.* (Sommaire, page 15.)
*Je n'aime pas beaucoup **les chiens**.* (Sommaire, page 23.)

 ● Tu trouves combien d'exemples en une minute?

Exemple:

J'aime les frites.   Je déteste le collège.

Raising the level of your French (2)

Linking your sentences sounds more natural. You can use:
– *et* (and): *Je suis anglaise **et** j'habite à Londres.*
– *mais* (but): *J'aime la viande, **mais** je déteste le fromage.*

j'habite à Leeds
… **et** je supporte Leeds Utd
… **mais** je supporte Man Utd

4 a **Écoute (1–8). On dit *et* ou *mais*? Écris *et* ou *mais*.**

4 b **Écris ces phrases avec *et* ou *mais*.**

Exemple: **1** Je suis anglaise, *mais* j'habite en France.

1 Je suis anglaise. J'habite en France.
2 J'ai onze ans. Mon anniversaire, c'est le huit août.
3 Nous avons cinq chats. Je n'aime pas beaucoup les animaux.
4 J'ai quatre sœurs. Je n'ai pas de frère.
5 Je déteste l'injustice. Je déteste le racisme aussi.
6 Je supporte Paris Saint-Germain. J'habite à Nice.

5 **Écris cinq phrases avec *j'aime/je n'aime pas beaucoup/ je déteste*.**

Exemple: **Je n'aime pas beaucoup le football.**

extra! **Écris les cinq phrases avec *et* ou *mais*.**

J'adore mon gameboy!

8B Ma couleur préférée

- say what some of your favourite things are
- learn how to say 'my' and 'your'
- explain patterns based on what you know already

1 a 💿 Écoute et répète les couleurs.

Le drapeau français est un drapeau tricolore. Les couleurs: bleu, blanc, rouge.

Les Bleus, c'est l'équipe de football nationale de France.

Allez, les Bleus!

Ma couleur préférée, c'est le bleu. Et le rouge, et le vert…

vert

orange

bleu

noir

blanc

brun

rouge

jaune

1 b 💬 Quelles couleurs sont possibles? (1–10)

Exemple: **1**

L'océan?

Vert et bleu.

Et blanc!

1 l'océan	6 Liverpool FC
2 un chat	7 un citron
3 un poisson tropical	8 le drapeau britannique
4 un lapin	9 un coca
5 un ballon de football	10 le fromage

2 a 📖 Écris le nom des clubs.

Exemple: **1 C'est St-Étienne.**

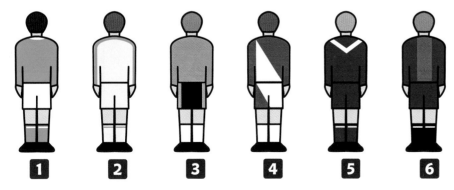

1 2 3 4 5 6

2 b 💿 Écoute (1–5) et note les couleurs.

Exemple: **1 blanc**

Des clubs de la ligue française

- Les couleurs de **Paris Saint-Germain** sont le bleu et le rouge.
- Les couleurs de **Monaco** sont le rouge et le blanc.
- **St-Étienne** joue en vert et blanc.
- **Lorient** joue en orange et noir.
- Le jaune, c'est l'équipe de **Nantes** – "les canaris".
- La couleur de **Bordeaux**, c'est le bleu.

Ton groupe préféré, c'est qui?

Mon groupe préféré, c'est The Corrs. C'est un groupe irlandais: il y a trois sœurs et un frère. C'est un groupe fantastique!
Sakiné

Ton film préféré, c'est quoi?

Mon film préféré, c'est un film anglais. C'est *Mr Bean: The Movie* – une comédie classique!
Xavier

Ta chanson préférée, c'est quoi?

J'aime les chansons françaises, mais ma chanson préférée, c'est une chanson anglaise: *Angels*.
Jules

Ton livre préféré, c'est quoi?

Mon livre préféré, c'est *Harry Potter et la chambre des secrets*. J'adore les livres de J K Rowling!
Carole

Ta couleur préférée, c'est quoi?

Je n'ai pas de couleur préférée. J'aime beaucoup le jaune, mais j'aime aussi le bleu.
Habib

3 a Écoute (1–5). Qui parle?

Exemple: **1 C'est Habib.**

3 b C'est quoi en français?

1 *my favourite group*
2 *my favourite song*
3 *I don't have a favourite colour*
4 *an English film*
5 *an English song*

Stratégies!

In exercise 3b, you wrote:
mon and *ma*; *préféré* and *préférée*;
anglais and *anglaise*.

● Can you explain the differences?

4 a Recopie et complète les questions.

Exemple: **1 *Ton* groupe préféré, c'est qui?**

1 (...) groupe préféré, c'est qui?
2 (...) film préféré, c'est quoi?
3 (...) chanson préférée, c'est quoi?
4 (...) livre préféré, c'est quoi?
5 (...) couleur préférée, c'est quoi?

extra!

6 (...) star (*féminin*), c'est qui?
7 (...) CD (*masculin*), c'est quoi?

Grammaire: three words for 'my' and 'your'

	masculine singular	feminine singular	masc. & fem. plural
my	mon *frère*	ma *sœur*	mes *parents*
your	ton *frère*	ta *sœur*	? *parents*

The word you need depends on the noun that follows.

● How do you think you say 'your parents'?

4 b Pose les cinq questions de l'exercice 4a à ton/ta partenaire.

4 c Écris tes cinq réponses.

Exemple: **Mon groupe préféré, c'est...**

extra! Écris tes sept réponses.

ton groupe préféré, ta couleur préférée,	c'est qui/quoi?
mon livre/film préféré, ma chanson préférée,	c'est...

je n'ai pas de couleur préférée
ma couleur préférée, c'est...
  le bleu le rouge le blanc le vert
  le jaune le noir le brun l'orange

- give information about a music group
- read a longer article in French

Les Négresses Vertes

C'est qui, *Les Négresses Vertes*?

C'est un groupe français très populaire.

Les influences musicales du groupe sont: le punk, le rock, le folk et le raï (la musique algérienne).

Les membres du groupe:
Il y a cinq personnes dans le groupe.

Stéfane Mellino ("Cheb") Cheb est le guitariste et le chanteur principal du groupe. Il est algérien.

Matthias Canavese ("Matias") Matthias chante et joue de l'accordéon.

Iza Mellino est le batteur du groupe.

Le bassiste des *Négresses Vertes* s'appelle **Jean-Marie Paulus** ("Paulus").

Abraham, le frère de Paulus, joue du trombone et de la trompette.

Discographie:

Album	Date
Mlah	1989
Famille Nombreuse	1991
10 Remixes	1994
Green Bus – En Public	1995
Zig-Zague	1996
Trabendo	1999
Acoustic Clubbing	2001
Grand Déballage	2002

Première tournée en Grande-Bretagne: 1995

grand déballage – *best of*

Interview d'une fan:

Les Négresses Vertes, c'est mon groupe préféré. J'adore leur musique!

Mon album préféré, c'est *Zig-Zague*, et mon single préféré, c'est *Après la Pluie*.

J'aime aussi Justin Timberlake. Il est américain et il est fantastique! J'adore Jennifer Lopez. Elle est américaine aussi.

1 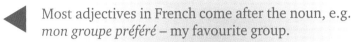 Écoute et lis (page 74). *Les Négresses Vertes*, c'est quoi?

a un album

b un film

c un groupe

d une chanson

Stratégies!

Reading and understanding French

Most adjectives in French come after the noun, e.g. *mon groupe préféré* – my favourite group.

Remember this when you read French – it will help you understand what you read.

● Find at least five examples of adjectives coming after the noun in the article.

2 a 📖 Écris le nom des membres du groupe (voir page 74).

Exemple: **A** Le guitariste s'appelle...

Info!
● une guitare a six (ou douze) cordes
● une guitare basse a quatre cordes

2 b 📖 Trouve dans l'article, page 74:

a **1** groupe

b **2** nationalités

c **3** instruments de musique

d **4** sortes de musique

3 ✏️ Écris la description de ton groupe préféré.

Exemple: **Mon groupe préféré, c'est...**
Il y a... personnes dans le groupe.
Le/La... s'appelle...

4 a 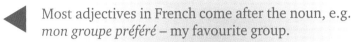 Écoute la description de Juliette et Gérard. Note les détails:

● nom...   ● habite...

● nationalité... ● anniversaire...

extra! Note d'autres informations.

4 b 💬 Pose les questions à ton/ta partenaire sur Juliette et Gérard:

● Elle s'appelle comment?/Il s'appelle comment?

● Ça s'écrit comment?

● Elle est américaine?/Il est américain?

● Elle habite où?/Il habite où?

Les membres du groupe *Les Négresses Vertes*

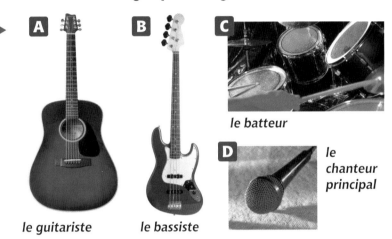

le batteur

le chanteur principal

le guitariste   *le bassiste*

il y a (cinq) personnes dans le groupe			
mon	groupe album single	préféré, c'est...	
le/la guitariste le/la bassiste le chanteur la chanteuse le batteur		s'appelle...	
il est	américain	anglais	français...
elle est	américaine	anglaise	française...

Le profil d'une star

une actrice française – la belle Juliette

- talk about a friend
- learn how to say 'his' and 'her'

Super! Une lettre de Sean!

J'ai un correspondant irlandais. Il s'appelle Sean.

Son anniversaire, c'est le 8 août.

Sa sœur s'appelle Dawn.

Ses frères s'appellent Dermot et Jamie.

Sa couleur préférée, c'est le vert.

J'ai aussi une correspondante américaine qui s'appelle Amy.

Son film préféré, c'est *Star Wars*.

Elle habite avec sa mère, Cherie.

Ses parents sont séparés.

Son chien s'appelle Rex.

1 a 🔘 **Écoute et lis.**
C'est vrai (V) ou faux (F)?

1 Sean est irlandais.
2 Son anniversaire est en juillet.
3 Il a deux frères.
4 Amy est anglaise.
5 Elle habite avec son père.

1 b 📖 *Son, sa, ses*: **c'est quoi en anglais?**

1 c 💬 **Lis le texte:**
A – une phrase, B – une phrase, etc.

2 ✏️ **Complète les informations pour Sean et pour Amy.**

Exemple: 1 Dawn, c'est sa sœur.

Sean:
1 Dawn, c'est…
2 Le 8 août, c'est…
3 Le vert, c'est…

Amy:
4 Cherie, c'est…
5 Star Wars, c'est…
6 Rex, c'est…

Grammaire: *son, sa, ses* – 'his', 'her'

	masculine singular	feminine singular	masc. & fem. plural
his	son *frère*	sa *sœur*	ses *parents*
her	son *frère*	sa *sœur*	ses *parents*

- 'his' and 'her' are the same words in French.
- Like *mon/ma/mes* and *ton/ta/tes*, choose **son**, **sa**, or **ses** according to the noun that follows.

3 🔘 **Romain parle de Sean.**
Écoute et note les thèmes dans le bon ordre.

A la famille   **B** le sport   **C** la musique   **D** la ville

extra! **Note d'autres détails.**

4 a 💬 **Identités mystère! Interviewe une personne de la classe:**

- Tu as des frères et sœurs?
- Tu supportes qui?
- Tu as un animal?
- Ta chanson préférée, c'est quoi?
- C'est quand, ton anniversaire? etc.

◀◀ Voir Grammaire, page 73

4 b ✏️ **Écris la description de la personne – mais n'écris pas le nom!**

Exemple: **Son anniversaire, c'est le premier mai. Sa sœur s'appelle…**

Son anniversaire, c'est…
Son film préféré s'appelle/c'est…
Sa couleur préférée, c'est…
Ses frères s'appellent…

4 c 📖 **Quiz! Lis les descriptions et identifie les membres de la classe.**

Un profil	A profile
qu'est-ce que	what
qu'est-ce que tu aimes?	what do you like?
qu'est-ce que tu n'aimes pas?	what don't you like?
j'aime…	I like…
je n'aime pas beaucoup…	I don't like… very much
je déteste…	I hate…
le racisme	racism
l'injustice	injustice
les gameboys	gameboys
les animaux	animals
la viande	meat
la musique de (…)	(…)'s music
je supporte (Paris Saint-Germain)	I support (Paris Saint-Germain)
et	and
mais	but

Les couleurs	Colours
rouge	red
blanc	white
bleu	blue
vert	green
jaune	yellow
noir	black
orange	orange
brun	brown

Ta couleur préférée	Your favourite colour
ta couleur préférée, c'est quoi?	what's your favourite colour?
ton groupe préféré, c'est qui?	who is your favourite group?
ma couleur préférée, c'est (le rouge)	my favourite colour is (red)
mon film préféré, c'est…	my favourite film is…
mon livre préféré, c'est…	my favourite book is…
ma chanson préférée, c'est…	my favourite song is…
je n'ai pas de couleur préférée	I haven't got a favourite colour

Un groupe	A group
il y a (cinq) personnes dans le groupe	there are (five) people in the group
le guitariste	the guitarist (male)
la guitariste	the guitarist (female)
le bassiste	the bassist (male)
la bassiste	the bassist (female)
le chanteur	the singer (male)
la chanteuse	the singer (female)
le batteur s'appelle…	the drummer is called…
il est américain	he's American
elle est américaine	she's American
son anniversaire, c'est…	his/her birthday is…
son film préféré, c'est…	his/her favourite film is…
sa couleur préférée, c'est…	his/her favourite colour is…
ses frères s'appellent…	his/her brothers are called…
mon album préféré, c'est…	my favourite album is…
mon single préféré, c'est…	my favourite single is…

Grammaire:

three words for 'my'	**mon, ma, mes**	**son**	= 'his' or 'her'
three words for 'your'	**ton, ta, tes**	**sa**	= 'his' or 'her'
three words for 'his'/'her'	**son, sa, ses**	**ses**	= 'his' or 'her'

Stratégies!

★ raising the level of your French: bringing in words from earlier units; linking your ideas with *et* and *mais*

★ reading: working out the meaning by remembering that most adjectives come after the noun

Cross-topic words

qui? – *who?*   **quoi?** – *what?*

1 ✏️ Écris les six phrases complètes.

1 Je vais souvent à la…

2 Le mardi, je vais au…

3 Ma sœur va au…

4 Tu vas parfois à la…?

5 Mon père va au…

6 Je ne vais pas souvent à la…

2 a 📖 Au château: trouve les paires.   **2 b** 💬 Joue le dialogue.

1 L'entrée,		**a** heures vingt.
2 Il y a une visite guidée		**b** pour un adulte.
3 C'est sept euros		**c** c'est combien?
4 Deux adultes et		**d** trois enfants, s'il vous plaît.
5 À quatre		**e** à quelle heure?

3 ✏️ Les couleurs: recopie et complète le quiz.

brun = vert + ?   **vert** = ? + ?   **orange** = ? + ?

4 ✏️ Trouve les paires. Écris les phrases complètes.

1 Mon copain s'appelle…	**a**	c'est le vert.
2 Il est…	**b**	c'est Alien.
3 Il supporte…	**c**	Tom et Iain.
4 Il a…	**d**	Celtic.
5 Son film préféré, …	**e**	écossais.
6 Il habite…	**f**	Jack.
7 Sa couleur préférée, …	**g**	à Glasgow.
8 Ses frères s'appellent…	**h**	une sœur.

5 💿 Un groupe: écoute et complète le texte (1–6).

> Mon …(1)… préféré s'appelle Maxi.
> Il y a …(2)… personnes dans le groupe.
>
> La …(3)… s'appelle Stéph et le …(4)…
> s'appelle Franck.
>
> Il y a …(5)… chanteurs. La chanteuse
> principale s'appelle Florence et l'autre
> …(6)… s'appelle Manu.

Continue ton dossier personnel!

 Le week-end

Exemples:

- Le samedi, je vais au club de théâtre avec ma copine.
- Le mardi, je vais à la chorale.
- Mon père va parfois en France.

 Mon profil

Exemples:

- J'aime mon gameboy et la musique.
- Mon groupe préféré, c'est Blue.
- Ma couleur préférée, c'est le noir.

Deux stars très différentes

MC Solaar

MC Solaar est une star du rap. Il rappe en français.

En réalité, il s'appelle Claude M'barali. Il est d'origine africaine, mais il habite en France.

MC Solaar est le premier rappeur de France. Le style de MC Solaar influence le rap en France!

Céline Dion est une chanteuse franco-canadienne.

Elle habite au Québec. Elle a treize frères et sœurs.

Céline chante en français et en anglais. Elle a chanté pour le film *Titanic*. Céline est une star internationale.

chante – *sings*   a chanté – *sang*

L'histoire du rap en France

1979 • le premier single du rap américain: *Rapper's Delight*, par le *SugarHill Gang*, un groupe de New York. C'est un hit en France.

1982 • la station de radio Europe 1 organise une tournée de rappeurs américains en France.

1987 • le premier album français de *Hip-Hop*. Les premiers rappeurs français sont *MC Solaar*, *Assassin* et *NTM*.

1991 • le premier album de rap de *MC Solaar*.

2000 • explosion de groupes de rap français, par exemple: *KDD, la Clinique, Arsenik*

1 Deux stars.

Qui… *Who…*

1 … est d'origine africaine?

2 … habite au Canada?

3 … chante en français et en anglais?

4 … adore le rap?

5 … a une grande famille?

2 a L'histoire du rap en France.

Note les groupes/les rappeurs:

● la première génération du rap américain

● la première génération du rap français

● la deuxième génération du rap français.

2 b Trouve dans l'article cinq mots similaires à l'anglais.

9 Le soir et le week-end

9A Tu aimes la musique?

- talk about your involvement in music
- use *jouer de* with musical instruments
- say longer phrases

Je joue du piano.

Je joue du violon.

Je joue du clavier.

Je joue de la guitare.

Je joue de la batterie.

Je joue de la flûte à bec.

Je ne joue pas d'un instrument.

A **B** **C** **D** **E** **F** **G**

1 a 📖 Trouve les paires.

Exemple: **A** Je joue de la guitare.

1 b 💿 C'est quelle photo?
Écoute (1–7) et note la lettre (A–G).

2 💿 Quiz! Écoute (1–6) et identifie les instruments.

Exemple: **1** guitare

3 ✏️ Écris les phrases A–E.

Exemple: **A** Je joue de la trompette.

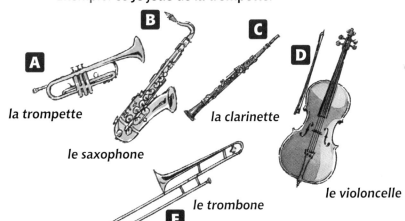

A la trompette

B le saxophone

C la clarinette

D le violoncelle

E le trombone

Grammaire: *je joue du/de la…*

– masculine musical instruments (e.g. *le piano*): *je joue* du *(piano)*
– feminine musical instruments (e.g. *la guitare*): *je joue* de la *(guitare)*

4 a 💿 Écoute et complète le texte (1–6).

Léa …(1)… la musique. Elle va …(2)… dans les magasins de CD, et elle …(3)… beaucoup de CD à la maison.

Elle joue aussi du …(4)… dans l'orchestre du …(5)… .

Sa sœur, qui s'appelle Anne, joue de la …(6)… .

4 b ✏️ *extra!* Tu es Léa. Écris le texte.

Exemple: *J'adore la musique. Je…*

5 a 📖 Lis les textes. Qui...

1 joue d'un instrument de musique?
2 va à des concerts?
3 chante?

> chante – *sings*

5 b 📖 Recopie et complète les phrases. Écris les phrases en anglais aussi.

Exemple: **1** Je vais souvent à des concerts = *I often go to concerts.*

1 Je (...) souvent à des (...).
2 J'(...) beaucoup (...) CD.
3 (...) groupe préféré, (...) Marousse.
4 Je (...) dans (...) chorale.
5 Je (...) dans l'orchestre (...) collège.

6 a ✏️ Écris une phrase pour chaque personne.

Exemple: Myriam joue de la guitare.

Myriam

Rémy

Aline

David

Sylvie

Marion

6 b 💬 C'est qui?

Exemple: **A** Tu joues d'un instrument de musique?

B *Non.*

A Tu es dans un groupe?

B *Oui.*

A Ah! Tu es *Marion!*

7 ✏️ Écris un paragraphe pour le magazine de l'exercice 5.

Exemple: Moi, j'adore la musique. Je ne joue pas d'un instrument, mais j'ai beaucoup de CD.

See the vocabulary box for the words you need.

extra! *See the letters in exercise 5 for more ideas.*

Tu aimes la musique?

> La musique, c'est ma passion! Je suis dans une chorale au club des jeunes. J'adore ça.
> **Pascal**

> Moi, je ne joue pas d'un instrument, mais j'écoute de la musique sur ma chaîne hi-fi et mon walkman. J'ai beaucoup de CD et je vais souvent à des concerts.
> **Camille**

> J'aime beaucoup la musique et je joue du piano et de la clarinette. Je joue dans l'orchestre du collège. C'est génial!
> **Margot**

> J'adore la musique, moi. Je joue de la guitare basse dans un groupe, et je suis le chanteur principal aussi. Mon groupe préféré, c'est *Marousse*, et je suis fan des *Négresses Vertes* aussi.
> **Robin**

Stratégies!

Trouble saying longer phrases?

You can practise by building them up from the end, e.g.

... de musique?
... d'un instrument de musique?
Tu joues d'un instrument de musique?

j'adore/j'aime la musique		
tu joues d'un instrument de musique?		
je joue	du	clavier/violon/piano
	de la	batterie/guitare/flûte à bec
	dans l'orchestre du collège	
je ne joue pas d'un instrument		
je suis dans un groupe/une chorale		
j'ai beaucoup de CD		

9B Tu as un passe-temps?

- talk about people's hobbies
- use the verb *faire*

> Je fais de la natation... **A**

> ... et mon frère fait du vélo. **B**

1 a 💿 Écoute (1–6). Note les lettres A–F (l'activité) et X–Z (quand).

Exemple: **1 E, Y**

1 b 💬 Écris quatre phrases, sans voyelles (*without vowels*).

Exemple: j_ f_ _s d_ v_l_ l_ s_m_d_ m_t_n

Ton/Ta partenaire complète tes phrases.

Exemple: **Je fais du vélo le samedi matin.**

E Je fais du shopping.

C Je fais du judo.

D Je fais de la danse.

F Je fais de la marche.

le samedi → matin **X**
→ après-midi **Y**
→ soir **Z**

2 ✏️ Écris les six phrases complètes.

Exemple: **1 Je fais de la natation.**

1 Je fais / fait .

2 Alain fais / fait 🏕️ .

3 Et toi, tu fais / fait 🚴 ?

4 Ma sœur fais / fait 🗺️ .

5 Il fais / fait 🎵 .

6 Est-ce que tu fais / fait 🤸 ?

du vélo   du judo   du shopping
de la danse   de la marche   de la natation

Grammaire:
the verb *faire*:
to do e.g. judo;
to go e.g. shopping

je fais
tu fais
il/elle fait
nous faisons
vous faites
ils/elles font

3 📖 C'est qui? Amir, son frère, ses parents, etc.?

1  **2** **3**

4  **5**  **6**

À: chloé@wanadoo.fr

Objet: Mes passe-temps

Moi, je fais souvent de la danse le samedi matin, et mes parents font du shopping en ville. Le shopping, c'est très ennuyeux. Mon frère fait de la natation.

Le samedi après-midi, ma sœur fait du judo au club des jeunes. Le dimanche, mes copains font du vélo, mais moi je n'aime pas ça. Moi, je fais de la marche avec ma famille. C'est génial!

Amir

4 a 💿🗨 Écoute, puis joue les deux dialogues.

1 **A** Tu as un passe-temps?
  B *Oui, je fais du judo.*
  A Tu fais ça quand?
  B *Le vendredi soir.*

2 **B** Et toi, tu as un passe-temps?
  A *Oui, je fais du vélo.*
  B Tu fais ça quand? Le dimanche après-midi?
  A *Euh… ça dépend.*

Ça dépend.

je fais	du	vélo/judo/shopping
	de la	danse/natation/marche

le	lundi mardi mercredi	matin
	jeudi vendredi	après-midi
	samedi dimanche	soir
ça dépend		

4 b 💿 Écoute (1–4) et note en anglais: *l'activité + quand?*

Exemple: **1** shopping, Sat morn.

A 20:00 **B** 15:00

le mardi *le mercredi*

5 a 🗨 Joue les cinq dialogues A–E. Adapte le dialogue 1 de l'exercice 4a.

extra! Joue des dialogues avec… *je surfe, j'écoute, je joue, je regarde*, etc.

◄◄ Voir page 51

C 10:00 **D** **E** 19:00

le samedi *(ça dépend…)* *le lundi*

5 b ✏ Choisis et écris deux dialogues.

C'est super…

J'adore le tennis!

… parce que…

… c'est varié!

9C Mes passe-temps

- talk about your hobbies
- use *de/de la* and *au/à la*
- recycle language you already know

Stratégies! *Using language you've met before*

So far in *Voilà! 1* you've learnt lots of different words and phrases for talking about your hobbies. These two pages bring them together.

1 a 💿 Écoute et lis la lettre.

1 b 📖 C'est un passe-temps de Romain?
Écris *oui* ou *non*.

1 c 📖 Recopie les expressions de la lettre dans trois catégories:

où? (x 3)	quand? (x 4)	avec qui? (x 2)
au club des jeunes	le mardi soir	avec mon frère

> Salut, Léa!
>
> Ça va? Merci pour ta lettre!
>
> Tu as des passe-temps, Léa?
>
> Moi, je vais au club des jeunes le mardi soir avec mon frère, et je joue au ping-pong. J'aime ça. Le mercredi après-midi, je fais parfois du vélo avec mes copains. Je joue au basket le jeudi soir dans un club. Et le week-end, je surfe souvent sur Internet – c'est très intéressant!
>
> Ma sœur joue du violon dans l'orchestre du collège, mais moi, je ne joue pas d'un instrument. J'ai beaucoup de CD et j'aime les concerts.
>
> Bye-bye, Léa. Écris-moi bientôt!
>
> Romain

Grammaire: summary of *du/de la* and *au/à la*

		masculine	feminine
activities with *faire*	je fais…	**du** judo	**de la** danse
musical instruments	je joue…	**du** violon	**de la** guitare
sports	je joue…	**au** football	
going places	je vais…	**au** cinéma	**à la** patinoire

2 ✏️ Trouve les paires. Recopie les phrases complètes.

1 Le mardi soir, je fais de la…
2 Je joue au football avec…
3 Mon frère fait du judo…
4 Est-ce que tu joues…
5 Ma sœur joue du violon…
6 Le week-end, mon père fait…
7 Tu fais du shopping…
8 Je joue du piano dans…

a et du clavier.
b l'orchestre du collège.
c mes copains.
d de la marche.
e le mercredi après-midi.
f danse dans un club.
g au rugby?
h avec ta copine?

Le sport en France

Beaucoup de Français jouent
aux boules.

Le Tour de France est une
compétition de cyclisme en juillet.
C'est très populaire!

3 a 💿 Le jeu des additions!
Écoute un exemple:

A Je joue au tennis.

B *Je joue au tennis le week-end.*

A Je joue au tennis le week-end et je fais du vélo.
(etc.)

3 b 💬 Joue en groupe: invente une
phrase très, très, très longue!

4 💿 Écoute les dialogues (1–6). Note l'activité.

Exemple: **1** basket

extra! Ajoute d'autres détails!

5 ✏️ Écris une lettre à Romain: décris tes passe-temps.
Mentionne:

● **trois activités:** je fais… je joue… je vais… je regarde…
etc.

● **des détails:** par exemple, où? quand? avec qui?

◄◄ Voir exercice 1c, page 84

extra! Mentionne aussi une autre personne.

Exemple: **Mon copain, Tim, va à la piscine.**

je fais	du	vélo/shopping, etc.
	de la	natation/marche, etc.
je joue	du	piano/clavier, etc.
	de la	batterie/guitare
	au	ping-pong/tennis, etc.
je vais	au	bowling/centre sportif, etc.
	à la	piscine/chorale, etc.
je regarde… je surfe… j'écoute… j'invite…		
au club des jeunes	le samedi soir	avec mes copains

9D Tu as passé un bon week-end?

- talk about what you did
- recognise and use the past tense

Qu'est-ce que tu as fait le week-end dernier, Léa?

Samedi soir, **je suis allée** au cinéma. Et dimanche, **j'ai fait** de la natation et **j'ai joué** au ping-pong.

1 a 💿 **Lundi matin, Léa arrive au collège. Écoute et lis.**

Stratégies!

You know *je fais* and *je joue*. But what do *j'ai fait* and *j'ai joué* mean? Look for clues:

1 It's Monday morning now. What days is Léa talking about?
2 You've met *je suis allée*. What does it mean? What tense is this?

◀◀ Voir exercice 5, page 63

1 b 📖 **C'est quoi en français:** *What did you do at the weekend?*

2 ✏️ **Recopie et complète les diagrammes:**

Qu'est-ce que tu as fait, le week-end dernier?

je suis allé(e)	j'ai fait	j'ai joué
au club d'informatique	de la marche	au football

| au bowling | de la natation | du clavier | de la danse | à la piscine | de la flûte à bec |
| à la chorale | de la batterie | du vélo | au centre sportif | du shopping | au tennis |

3 a 💬 *Je joue* and *j'ai joué*: what are the differences in pronunciation?

3 b 💿 **Écoute les phrases (1–10). Note *présent* ou *passé*.**

Grammaire: Present and past tenses

– present tense: what you **do often**:
   je vais   je fais   je joue
– past tense: what you **did**
   je suis allé(e)   j'ai fait   j'ai joué

4 ✏️ extra! **Écris les six phrases complètes.**
Exemple: **1** Je suis allé(e) à la piscine.

5 💬 extra! **Qu'est-ce que tu as fait, le week-end dernier? Invente deux dialogues.**

La musique	*Music*
tu joues d'un instrument de musique?	*do you play a musical instrument?*
je joue…	*I play…*
du piano	*the piano*
du violon	*the violin*
du clavier	*the keyboard*
de la guitare	*the guitar*
de la batterie	*the drums*
de la flûte à bec	*the recorder*
je ne joue pas d'un instrument	*I don't play an instrument*
je suis dans…	*I'm in…*
une chorale	*a choir*
un groupe	*a group*
je joue dans l'orchestre du collège	*I play in the school orchestra*
j'ai beaucoup de CD	*I've got lots of CDs*

Le week-end dernier	*Last weekend*
je suis allé	*I went (boy)*
je suis allée	*I went (girl)*
j'ai fait	*I did*
j'ai joué	*I played*

Les passe-temps	*Hobbies*
tu as un passe-temps?	*do you have a hobby?*
je fais du judo	*I do judo*
je fais du vélo	*I go cycling*
je fais du shopping	*I go round the shops*
je fais de la danse	*I dance/do dancing*
je fais de la marche	*I go walking*
je fais de la natation	*I go swimming*
tu fais ça quand?	*when do you do that?*
le lundi matin	*on Monday mornings*
le mardi après-midi	*on Tuesday afternoons*
le jeudi soir	*on Thursday evenings*
le week-end	*at the weekend*
ça dépend	*it depends*
souvent	*often*
parfois	*sometimes*
avec mon frère	*with my brother*
avec mes copains	*with my friends*

Grammaire: summary of *du/de la* and *au/à la*

		masculine	feminine
activities with *faire*	je fais…	**du** *judo*	**de la** *danse*
musical instruments	je joue…	**du** *violon*	**de la** *guitare*
sports	je joue…	**au** *football*	
going places	je vais…	**au** *cinéma*	**à la** *patinoire*

● Talking about what you did:

  je suis allé(e)   *j'ai fait*   *j'ai joué*

the verb **faire**:

  je fais
  tu fais
  il/elle fait
  nous faisons
  vous faites
  ils/elles font

Stratégies!

★ saying longer phrases

★ recycling language you already know

Cross-topic words

quand – *when*   **beaucoup de** – *a lot of*

10 La maison

10A J'habite dans une maison

- name rooms in the house
- use feminine adjectives: adding **e**
- learn how to say 'my sister's room'

> J'habite à Nice dans un grand appartement. Dans l'appartement...

Amir

un appartement   *une maison*

1 a 💿 **Lis et écoute.**

A

... nous avons un grand salon

B

... et une salle à manger.

C

Nous avons aussi une petite cuisine.

D

En haut, il y a une salle de bains...

G

... et la chambre de mes parents est très grande.

H

Mais ma chambre est assez petite.

I

Il y a un garage en bas.

1 b 💿 **Écoute (1–9). Note l'ordre (A–I).**

Exemple: **1G, 2...**

1 c 💿 **Écoute la version 2. Il y a une différence? Lève la main!**

1 d 🗨 **Lis le texte: A – une phrase, B – une phrase, etc.**

1 e ✏ **Recopie et complète le poème! (Ça rime!)**

Alain est dans la *salle de bains*.
Yasmine est dans la (...)
Ambre est dans la (...)
Madame Lesage est dans le (...)
Chloé est dans la (...)
Yvon est dans le (...)
Et Antoinette est dans les (...) !

2 a Stratégies!

Saying 'my sister's/Amir's room'

my sister's room – *la chambre de ma sœur* (the room of my sister)

Change *de* to *d'* if the next word begins with a vowel sound: Amir's flat – *l'appartement d'Amir*

- So, what do these mean?
  1 *le bic de mon frère*   **2** *la maison d'Adèle*

2 b 💿 **Écoute (1–6). C'est la chambre de qui?**

Exemple: **1** grand-mère.

E

… et des toilettes.

F

La chambre de ma sœur est assez grande…

3 📖 **Lis les textes. C'est vrai (V) ou faux (F)?**

1 Éric a une grande chambre.
2 La salle à manger d'Éric est petite.
3 Sonia habite dans un appartement.
4 Elle habite dans une grande ville.
5 Le salon de Sonia est grand.
6 Et la chambre de Sonia est grande.

J'habite dans un appartement. Ma chambre est très petite, mais la chambre de ma sœur est grande. Ce n'est pas juste! Nous avons une petite salle à manger.

Éric

J'habite dans une maison à la campagne. C'est bien, parce qu'il y a un grand salon avec une terrasse. Mais ma chambre est petite.

Sonia

4 a ✏️ **Recopie et complète les phrases.**

G = grand(e) **P** = petit(e)

Nous avons une **(G)** salle à manger. Mais le salon est **(P)**. Ma chambre est assez **(G)**, mais la chambre de mes parents est très **(P)**. En bas, il y a un **(G)** garage.

4 b ✏️ extra! **Décris ta maison (2/3 phrases).**

5 a 💿 💬 **Écoute et puis joue le dialogue.**

A Tu habites dans un appartement?
B *Non, j'habite dans une maison. En bas, nous avons un salon et une cuisine.*
A Et en haut?
B *En haut, il y a trois chambres. Il y a aussi une salle de bains.*
A Vous avez un garage?
B Non.

5 b 💬 **Adapte le dialogue.**

5 c ✏️ **Écris ton dialogue.**

Grammaire: masculine and feminine adjectives

Reminder: adjectives used with feminine nouns end in -e:

*un **petit** village* (m); *le salon* (m) *est **grand**.*
*une **petite** ville* (f); *la cuisine* (f) *est **grande**.*

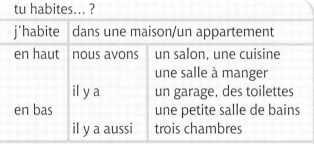

tu habites… ?		
j'habite	dans une maison/un appartement	
en haut	nous avons	un salon, une cuisine une salle à manger
	il y a	un garage, des toilettes
en bas		une petite salle de bains
	il y a aussi	trois chambres

vous avez un grand salon?
la chambre de ma sœur est assez grande
mais ma chambre est petite

Stratégies!

Des problèmes? Demande à ton prof:
– *C'est quoi en français,* a spare room?
– *Une chambre d'amis.*

… ou regarde dans un dictionnaire.

10B Dans ma chambre

- talk about things in my room
- use the verb 'to have' (singular)
- learn how to pronounce: -gn

La chambre d'Amir

1 a Écoute et lis. ▶

Dans ma chambre…

… j'ai un ordinateur.

J'ai aussi une hi-fi.

J'ai beaucoup de CD…

… et j'ai beaucoup de livres.

1 b Écoute et répète.

1 c C'est Amir ou Alice?
Écoute et réponds aux
questions (1–6): *Qui a… ?*

Exemple: **1** Amir

2 a Tu es Alice. Recopie et complète
les phrases avec *ai, as, a.*

1. Dans ma chambre j'**(…)** un magnétoscope.
2. J'**(…)** aussi beaucoup de posters.
3. J'**(…)** une télé.
4. Mon cousin Amir **(…)** un ordinateur.
5. Il **(…)** aussi beaucoup de livres.
6. Et toi? Tu **(…)** une hi-fi?

▲

> **Grammaire: the verb *avoir* (to have)**
>
> *j'* ai I have   *il* a he has
> *tu* as you have   *elle* a she has

2 b 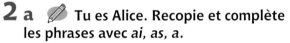 **extra!** Et toi? Écris quatre phrases.

Exemple: **J'ai un magnétoscope.**
Mon grand frère…
Ma petite sœur…, etc.

La chambre d'Alice, la cousine d'Amir

3 🗣️💬 **Prononciation:** -gn

-gn in French is pronounced like
English 'ny' in 'canyon'.

- **Écoute et répète:** à la campagne,
en Espagne, un magnétoscope.
- **Prononce en français:** Boulogne, la
Champagne, la Dordogne, la Bretagne.

Ma cousine Alice…

a beaucoup de posters…

… et beaucoup de plantes.

Elle a aussi une console de jeux.

Elle a une télé…

… et un magnétoscope.

4 a 📖 Lis les textes. Qui a...

1 un magnétoscope?
2 beaucoup de CD?
3 un ordinateur?
4 beaucoup de livres?

4 b 📖 C'est quoi en français?

1 *often*
2 *sometimes*
3 *in the evening*
4 *my friends*
5 *I read*

> Dans ma chambre, je surfe parfois sur Internet, et je contacte souvent mes copains par e-mail.
>
> **Nadia**

> Mon frère et moi, nous regardons souvent des vidéos. J'aime beaucoup les films américains.
>
> **Robin**

> J'ai une hi-fi dans ma chambre. Le soir, j'écoute de la musique. Ma chanteuse préférée est Céline Dion.
>
> **Béatrice**

> Je lis beaucoup, mais je n'aime pas aller à la bibliothèque! Mon auteur préféré, c'est Philip Pullman.
>
> **Kévin**

5 a ✏️ Trouve les dix différences.

Exemple: Agnès a une télé; Charlotte non.

La chambre d'Agnès

La chambre de Charlotte

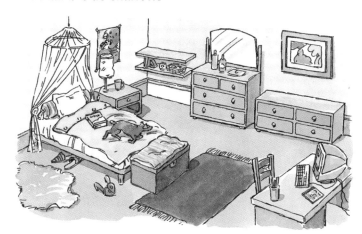

5 b 💿 Écoute et vérifie tes réponses.

6 a ✏️ Recopie et complète le texte.

Dans ma , il y a un , une et beaucoup de . J'ai aussi un de Paris et beaucoup de .

Mon frère a un ▭ et une petite ▭.

6 b ✏️ extra! Adapte le texte: décris ta chambre.

Dans ma chambre ...		
j'ai tu as il a elle a	un	ordinateur, livre, CD poster, magnétoscope
	une	télé, plante console de jeux, hi-fi
	beaucoup de plantes, livres, posters, CD	

10C Le salon

- say what there is in the living room
- learn about the order of adjectives: exceptions
- look at links between some French and English words

Dans le salon d'Amir il y a…

… un canapé confortable

… et un grand fauteuil vert.

Il y a une lampe ultramoderne…

1 a 💿 Écoute (1–6). C'est vrai (V) ou faux (F)?

1 b 💿 Écoute et répète.

et il y a aussi une petite table blanche…

2 📖 À la télé: le changement de look. Lis les descriptions: c'est avant (*before*) ou après (*after*)?

1 Il y a un canapé ultramoderne.
2 Il n'y a pas de magnétoscope.
3 Le canapé est brun.
4 Il n'y a pas de plantes.
5 Il y a une lampe.
6 Il y a un ordinateur.
7 Le fauteuil est confortable.
8 Il y a une table ultramoderne.

Mais il n'y a pas…

… de magnétoscope

… d'ordinateur.

AVANT

APRÈS

3 a 💿 La publicité à la radio. Écoute (1–4) et note l'article.

Stratégies!
English words related to French words

cent – a hundred
mille – a thousand

- How many English words can you think of that are related to these words? e.g. 'centipede', 'millilitre'.

3 b 💿 Réécoute (1–4) et note le bon prix.

	a	b	c
1	💿 100€	💿 500€	💿 1000€
2	💿 1400€	💿 1700€	💿 1800€
3	💿 600€	💿 1600€	💿 2600€
4	💿 400€	💿 950€	💿 1500€

4 📖 **Trouve les deux erreurs dans chaque description.**

> *chaque – each*

Exemple: **1** Le salon chez moi est *rouge*; …

extra! **Corrige les erreurs: écris des phrases correctes.**

Exemple: **1** Le salon chez moi est vert; …

Grammaire: Adjectives

	masculine:	feminine:
– Adjectives with feminine nouns end in -e:	*petit, bleu, vert*	*petite, bleue, verte*
– Masculine adjective already ends in -e? No change!	*rouge, confortable*	*rouge, confortable*
– Note the feminine of *blanc* (white):	*blanc*	**blanche**

– Petit and grand come <u>in front of</u> the noun, as in English:
   un petit village, une grande cuisine
– Other adjectives <u>follow</u> the noun, unlike English:
   un canapé confortable, une table brune

1 Le salon chez moi est rouge. Il y a un grand canapé vert, et deux fauteuils verts. Il y a une hi-fi, et nous avons beaucoup de CD. La télé est noire. Nous avons aussi un magnétoscope.

2 Dans le salon, il y a un petit canapé brun et deux fauteuils. Il y a une petite table blanche avec la télé et le magnétoscope. La lampe est près de l'ordinateur.

5 a 💬 **Jeu de mots.**

Exemple: **A** C – A – N...   **B** Un canapé! F – A – ...

5 b 💬 *extra!* **Discussion: le salon à la page 92.**

Exemple: **A** Tu préfères le salon avant ou après?

B *Je préfère/n'aime pas/… le salon avant.*

A Pourquoi?

B *Parce que je préfère/déteste/… le canapé brun et il y a…*

🗣💬 **Prononciation:** *é, è*

Remember: the accent shows you how to pronounce the words:
*mon livre pr**é**f**é**r**é**   je pr**é**f**è**re*

6 ✏️ **Décris ton salon.**

Exemple:
Le salon est grand et bleu.
Il y a… Il y a aussi…
Mais il n'y a pas de…
J'aime… Je n'aime pas…

le salon est petit/grand/bleu/vert						
dans le salon, il y a	un	grand	canapé	brun	blanc(he)	bleu(e)
		petit	fauteuil	confortable		
il y a aussi	une	grande	lampe	blanche	vert(e)	noir(e)
		petite	table	moderne	brun(e)	rouge
mais il n'y a pas de magnétoscope, d'ordinateur					orange	jaune
j'aime beaucoup/je n'aime pas le salon						

10D M. et Mme Leriche

- ask what there is in your house
- use *avoir* (to have): the full verb
- learn how to learn a verb

1 a Lis et écoute. C'est quoi en français?

  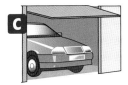

1 b ✐ extra! Écris cinq phrases.

Exemple: **Les Leriche ont une très, très grande maison…**
Ils ont aussi…

1 c 💿 Écoute. C'est vrai (V) ou faux (F)?

Les Leriche ont…   **1** un gymnase   **2** une piscine
3 une cuisine   **4** un animal

2 a ✐ Écris cinq questions:

Exemple: **Vous avez un jardin?**

> un bureau?   un jardin?   un piano?   beaucoup de plantes?
> beaucoup de livres?   un garage?   un animal?

2 b 💬 Pose tes cinq questions à ton/ta partenaire.

Exemple: **A Vous avez un jardin?**
B *Non, nous n'avons pas de jardin.*

3 💿 Stratégies!

Avoir is a key verb. One way to learn it is to chant it in rhythm, clicking your fingers.

● Listen to an example – and join in!

**Grammaire: the verb
avoir (to have)**

j' ai	I have
tu as	you have
il/elle a	he/she has
nous avons	we have
vous avez	you have
ils/elles ont	they have

vous avez… ?	un	bureau
oui, nous avons…		garage
non, nous n'avons pas	de jardin	

À la maison	At home
j'habite dans…	*I live in…*
une maison	*a house*
un appartement	*a flat*
en bas	*downstairs*
en haut	*upstairs*
il y a…	*there is/are…*
nous avons…	*we have…*
un salon	*a living room*
une cuisine	*a kitchen*
une salle à manger	*a dining room*
une salle de bains	*a bathroom*
des toilettes	*a toilet*
un garage	*a garage*
la cuisine est petite	*the kitchen is small*
ma chambre est grande	*my room is big*
la chambre de ma sœur	*my sister's room*

Dans ma chambre — In my room

Dans ma chambre	In my room
j'ai…	*I have…*
un ordinateur	*a computer*
une hi-fi	*a stereo system*
un magnétoscope	*a video recorder*
une télé	*a TV set*
une console de jeux	*a gameboy*
beaucoup de…	*lots of…*
plantes	*plants*
posters	*posters*
CD	*CDs*
livres	*books*

Les nombres — Numbers

Les nombres	Numbers
cent	*a hundred*
mille	*a thousand*

Les couleurs — Colours

Les couleurs	Colours
blanc (blanche)	*white*
bleu(e)	*blue*
vert(e)	*green*
noir(e)	*black*
brun(e)	*brown*
rouge	*red*
orange	*orange*
jaune	*yellow*
la cuisine est bleue	*the kitchen is blue*

Dans le salon — In the living room

Dans le salon	In the living room
il y a…	*there is…*
un canapé	*a sofa*
un fauteuil	*an armchair*
une lampe	*a lamp*
une table	*a table*
il n'y a pas de magnétoscope	*there isn't a video recorder*
très petit(e)	*very small*
assez grand(e)	*quite big*
confortable	*comfortable*
moderne	*modern*
un grand canapé	*a big sofa*
une lampe moderne	*a modern lamp*
un fauteuil confortable	*a comfortable armchair*

Vous avez…? — Do you have…?

Vous avez…?	Do you have…?
nous avons…	*we have…*
un bureau	*an office*
un jardin	*a garden*
nous n'avons pas de garage	*we don't have a garage*

Grammaire:

adjectives	add an **-e** in the feminine	*un salon vert*	*une cuisine vert**e***
	exceptions	*un canapé roug**e***	*une table roug**e***
		un fauteuil blanc	*une lampe blan**che***
	order of adjectives	*un petit/grand salon confortable*	
avoir	the verb 'to have'	j' **ai** nous **avons**	tu **as** vous **avez**
		il/elle **a** ils/elles **ont**	

Stratégies!

★ saying *my brother's, Julia's, my parents'* in French

★ learning a new verb off by heart

★ pronunciation: words with *-gn*

Cross-topic words

mais – *but*   **aussi** – *also, too*

Unité 9 (Des problèmes? Consulte la page 87.)

1 📖 **Trouve l'intrus.** *intrus – odd-one-out*

1
le clavier
le judo
le violon
la guitare

2
la batterie
mercredi
vendredi
dimanche

3
la natation
le ping-pong
le vélo
le shopping

4
la télé
l'après-midi
le matin
le soir

5
souvent
le week-end
dans
parfois

6
la chorale
la danse
la marche
l'orchestre

2 a ✏️ **Recopie et complète les questions.**

| fais | joues | regardes | vas |

1 Tu (...) du violon dans l'orchestre?

2 Tu (...) du judo le samedi après-midi?

3 Tu (...) parfois à la piscine?

4 Tu (...) souvent la télé le soir?

5 Tu (...) d'un instrument de musique?

6 Tu (...) parfois du vélo avec tes copains?

2 b 💬 **Pose les questions à ton/ta partenaire.**

Exemple: A Tu joues du violon dans l'orchestre?   **B** *Non.*

Unité 10 (Des problèmes? Consulte la page 95.)

3 ✏️ **Complète les phrases avec les mots 1–6.**
a En haut, il y a le/la/les ...   **b** En bas, il y a le/la...
Exemple: a En haut, il y a la chambre, ...

4 a 💿 **Écoute (1–6) et note la lettre (A–F).**

4 b ✏️ **Écris six phrases.**
Exemple: A Dans le *salon*, il y a *un canapé brun*.

5 a ✏️ **Recopie et complète le texte.**

| salle | mais | dans | à | il | bas |
| grand | mon | cuisine | de | | |

5 b 💿 **Écoute et vérifie tes réponses.**

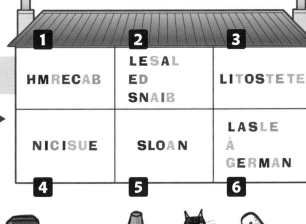

| **1** HMRECAB | **2** LESAL ED SNAIB | **3** LITOSTETE |
| **4** NICISUE | **5** SLOAN | **6** LASLE À GERMAN |

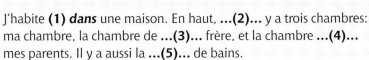

A   B   C   D   E   F

J'habite **(1)** *dans* une maison. En haut, ...**(2)**... y a trois chambres: ma chambre, la chambre de ...**(3)**... frère, et la chambre ...**(4)**... mes parents. Il y a aussi la ...**(5)**... de bains.

En ...**(6)**..., il y a un ...**(7)**... salon, la salle ...**(8)**... manger et la ...**(9)**... . Il y a un jardin, ...**(10)**... il n'y a pas de garage.

Continue ton dossier personnel!

✏️ **L'après-midi, le soir, le week-end**
● Je joue du violon dans l'orchestre du collège.
● Le samedi matin, je fais du vélo avec mes copains.

✏️ **Ta maison/Ton appartement**
● J'habite une maison. En bas, nous avons une petite cuisine, ...
● Dans ma chambre, il y a une télé, ... Dans le salon, ...

Une petite histoire des maisons

Une villa romaine de l'année 200

Les familles riches ont une grande maison confortable, qui s'appelle une "villa". Les familles dînent à 16h.

Il y a des toilettes publiques. C'est idéal pour les discussions! Il n'y a pas de papier hygiénique: il y a une éponge rincée dans du vinaigre.

Une maison de 1789 (l'année de la révolution française)

La famille Lemaître est riche et royaliste. La famille aime le café au lait et les fraises. Il n'y a pas d'électricité, mais il y a des chandelles. Le soir, le père lit un livre. Il n'y a pas de radio: les enfants jouent du piano ou du violon.

Le capitaine Frézier commence à cultiver les fraises.

Avec l'invention du "moulin à café", la préparation du café au lait est facile!

Une maison des années 1950

L'appartement de Monsieur et Madame Dupont est moderne et confortable, avec une salle de bains et un petit balcon. La radio est énorme! La télévision est en noir et blanc – et il y a une seule chaîne à la télé! Il n'y a pas d'ordinateur!

Beaucoup de maisons ont un réfrigérateur (un frigo)…

… et un téléphone (noir!)

---

l'année – *the year*
le papier hygiènique – *toilet paper*
une éponge – *sponge*
rincée – *rinsed*
le vinaigre – *vinegar*
le moulin – *mill, grinder*
une seule – *only one*
la chaîne – *TV channel*
un appareil – *appliance*

1 **a** What were the fashionable new drink and fruit in 1789?

 b What did the Romans use instead of toilet paper?

 c How many TV channels were there in the 1950's?

2 **Trouve et recopie:**

 a deux couleurs

 b deux instruments de musique

 c quatre appareils électriques

 d dix adjectifs

11 Le collège de Chloé

11A À huit heures!

- talk about when the school day starts and ends
- talk about favourite subjects
- use a dictionary to understand new words

Collège Marie Curie	
08h00	français histoire maths
10h15	la récréation
10h30	anglais technologie sciences
12h00	la pause-déjeuner
13h30	musique géographie
16h45	dessin

Mon collège s'appelle le Collège Marie Curie. Les **cours commencent** à huit heures. Les cours **finissent** à cinq heures moins le quart.

Ma **matière** préférée c'est **l'histoire**, parce que c'est très intéressant.

Chloé

1 a ⬤ Écoute et lis.

Stratégies!

Understanding new words

Two definitions in the dictionary? Pick the right one for the context.

Some words are a bit like English words.

The diagram helps with some words.

1 La bonne définition dans le contexte?

cours *m* 1 course
2 lesson

histoire *f* 1 story
2 history

matière *f* 1 matter
2 school subject

2 C'est quoi en anglais:
a commencent?
b finissent?

1 b 📖 Quelle est la bonne réponse?

1 Chloé va…
   a au centre sportif Marie Curie
   b au collège Marie Curie
2 Les cours de Chloé commencent à…
   a 7h30   **b** 7h45   **c** 8h00
3 Les cours de Chloé finissent à…
   a 15h45   **b** 16h45   **c** 17h45
4 Chloé…
   a aime l'histoire   **b** n'aime pas l'histoire.

> **Grammaire:** *le verbe finir* (to finish)
> *je* finis
> *tu* finis
> *il/elle* finit
> *nous* finissons
> *vous* finissez
> *ils/elles* finissent

Info!
Un prof est absent? En France, les élèves rentrent souvent à la maison. C'est un bon système?!

2 📖 Trouve les paires.

Exemple: 1 d

les élèves – *pupils*

1 Mardi, Kévin finit à 16h30.	**a** à quatre heures moins le quart
2 Jeudi, Sandrine et Marion finissent à 16h45.	**b** à trois heures et demie
3 Et toi, tu finis à quelle heure? – À 17h15.	**c** à cinq heures moins dix
4 Super! La prof de maths est absente: je finis à 15h30!	**d** à seize heures trente
5 Et vous? Vous finissez à quelle heure? – À 15h45.	**e** à cinq heures et quart
6 Et vendredi, nous finissons à 16h50.	**f** à seize heures quarante-cinq

Opinions sur le collège

A
Les cours commencent à huit heures dix: c'est stupide! Ma matière préférée, c'est l'éducation physique. J'aime aussi le dessin.
Anaïs

B
Je n'aime pas la musique, et je déteste les maths. Le français? Bof, ça va. Les cours finissent à quatre heures et demie. Mais il n'y a pas de cours le mercredi.
Laura

C
Mon correspondant anglais commence à neuf heures moins dix – et nous, nous commençons à huit heures! C'est nul!
Jérémy

D
Mes matières préférées, ce sont les maths et les sciences. J'aime les maths, parce que c'est assez facile. J'aime les sciences, parce que le prof est super!
Mélanie

E
J'aime le collège. J'adore l'anglais, parce que c'est très intéressant. Mais les cours commencent à huit heures cinq: c'est trop tôt!
Maxime

trop tôt – *too early*

3 a 📖 **Trouve et recopie:**

   a huit matières   Exemple: **l'éducation physique, …**

   b neuf opinions   Exemple: **c'est stupide; ma matière préférée; j'aime…**

3 b 📖 extra! **Explique le texte de Laura (B) en anglais.**

   Exemple: *She doesn't like music; …*

4 a 💿 **Écoute et lis le dialogue. Choisis la bonne image: a ou b.**

   A Les cours commencent à quelle heure?
   B *À huit heures.*

   a   b

   A Les cours finissent à quelle heure?
   B *À cinq heures moins le quart.*

   a   b

   A Et ta matière préférée, c'est quoi?
   B *C'est l'éducation physique.*

   a   b

   A L'éducation physique? Pourquoi?
   B *Parce que c'est très facile.*

   a | very interesting | b | very easy |

4 b 💿 **Écoute (1–3) et note les détails (a–d).**

   Exemple: **1 a 8h10, b 4h30, c …**

   a Les cours commencent à…
   b Les cours finissent à…
   c La matière préférée, c'est…
   d Parce que…

ma matière préférée, c'est… parce que…		
les cours	commencent finissent	à quelle heure? à huit heures à trois heures et demie
ta matière préférée, c'est quoi? ma matière préférée, c'est l'histoire		
pourquoi? – parce que c'est		assez facile très intéressant le/la prof est super

4 c 🗨 **Joue et adapte le dialogue de l'exercice 4a.**

5 ✏ **Écris tes réponses aux quatre questions de l'exercice 4a.**

   Exemple: **Les cours commencent à… Les cours finissent à…**

◄◄ Les matières (maths, anglais, etc.): voir page 33

11B Profs, cours, devoirs

- talk about teachers, lessons and homework
- recognise different word order
- use singular and plural adjectives

> Je n'aime pas le collège. Les profs sont trop stricts! Et les devoirs sont trop longs!

> Écoute, Chloé, le prof de musique est très sympa! Mais la prof de sciences est assez stricte, c'est vrai.

1 a 💿 Lis et écoute. C'est quoi en anglais?

1 très strict
2 assez strict

> trop strict – *too strict*

1 b 📖 Stratégies!

Word order

Understanding French is easier if you remember that word order can be different from English, e.g.

le prof de musique = the teacher of music = the music teacher

le club de théâtre = the club of drama = the drama club (Unit 7)

- C'est quoi en anglais?
  1 le prof d'anglais
  2 la prof de maths
  3 les profs de dessin

2 a 📖 Regarde le questionnaire. Trouve et recopie:

1 les expression positives

Exemple: **très sympas, ...**

2 les expressions négatives

Exemple: **trop stricts, ...**

2 b 💿 Écoute (1–6). Qui répond aux questions A–C: Samia, Lise, Joël ou Julien?

Exemple: **1 Julien**

2 c 💬 A: Choisis une identité: Samia, Lise, Joël ou Julien.
B: Pose les trois questions; A répond.

Exemple: **B** Les profs sont comment?

A *Les profs sont très sympas.*

B Les cours sont comment...?

Questionnaire: ton collège

A Les profs sont comment?

- Les profs sont trop stricts! *Joël*
- Les profs sont très sympas! *Samia*
- Le prof de musique est super! *Julien*
- Mme Morel, la prof de maths, est sympa. *Lise*

B Les cours sont comment?

- Les cours sont assez faciles. *Lise*
- Les cours sont trop longs! *Julien*
- Les cours sont assez intéressants. *Joël*
- Les cours d'anglais sont trop difficiles! *Samia*

C Les devoirs sont comment?

- Bof, ça va. *Samia*
- Les devoirs sont trop longs. C'est nul! *Lise*
- Les devoirs sont difficiles. *Joël*
- Les devoirs sont très faciles. *Julien*

3 **Recopie et choisis la bonne option.**

1 Monsieur Drouet, le prof de technologie, est sympa / sympas.
2 Les cours d'histoire sont assez intéressant / intéressants.
3 J'aime les profs parce qu'ils sont assez sympa / sympas.
4 Mon collège est très grand / grands.
5 Les devoirs sont trop long / longs.
6 Madame Martin et Madame Renaud sont très stricte / strictes.

Grammaire: singular and plural adjectives

- With plural nouns, the adjective takes an -s.
- With feminine adjectives, add the -s to the e:

  le prof est strict

  les profs sont strict**s**

  la prof est strict**e**

les profs sont strict**es**

4 💿 **Écoute (1–6). Les opinions sont positives (😊) ou négatives (☹)?**

Exemple: **1** 😊

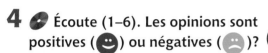 extra! **Écris les mots français.**

Exemple: **1 c'est facile**

5 📖 **Recopie et complète l'e-mail.**

trop	finissent	sont
de	à	profs

> Les déjeuners à la cantine sont excellents.

> Excellents? Ce n'est pas vrai! Ils sont horribles!

À: Chloé@wanadoo.fr
Objet: Mon collège

Salut, Chloé!

Merci pour ton e-mail. J'aime mon collège. Les …(1)… sont assez stricts, mais la prof …(2)… dessin est sympa.

Les cours commencent …(3)… neuf heures moins dix, et …(4)… à quinze heures trente. Les devoirs sont souvent …(5)… longs – mais parfois les devoirs …(6)… assez faciles.

Emily

les profs sont comment?
les profs sont assez/très sympas, stricts
la prof de musique est trop stricte

les cours/les devoirs sont comment?

les cours		assez	longs, faciles
les devoirs	sont	très	intéressants
		trop	difficiles

6 a 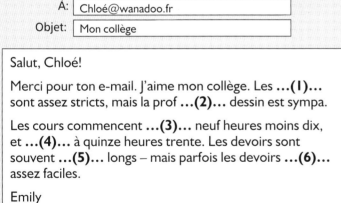 **Fais un diagramme pour ton collège: écris des phrases.**

Les cours d'anglais sont intéressants.

La prof d'anglais est assez stricte.

les cours — mon collège — les profs

les devoirs

Les devoirs sont trop longs.

6 b 💬 extra! **Pose les questions à ton/ta partenaire.**

- Les profs sont comment?
- Les cours sont comment?
- Les devoirs sont comment?

11C Une présentation

- talk about your class and school uniform
- use the verb *être* (to be)
- understand computer instructions in French

Emily visite le collège de Chloé. Elle fait une présentation en PowerPoint.

Voilà ma classe.

Tu es en quelle classe, Emily?

Je suis en 7P.

Tu aimes l'uniforme?

Bof, l'uniforme est assez bien.

Et vous êtes toujours sages, la classe 7P?

Euh… je suis parfois très sage!

Et toi, Emily. Tu es sage?

Non, nous sommes souvent bruyants!

1 🔘 Lis et écoute. C'est vrai (V) ou faux (F)?

1 Emily visite un collège en France.
2 Emily déteste l'uniforme de son collège.
3 La classe 7P est très sage.
4 Emily est toujours sage.

2 ✏️ Trouve les paires. Recopie les phrases complètes.

1 Je…
2 Nous…
3 La classe…
4 Les cours…
5 Tu…
6 Vous…

a sommes assez bruyants.
b sont trop longs.
c suis en 7LD.
d êtes sages en maths?
e est très bruyante.
f es en 7M?

> **Grammaire: the verb *être* (to be)**
>
> | | |
> |---|---|
> | *je* suis | I am |
> | *tu* es | you are |
> | *il/elle* est | he/he is |
> | *nous* sommes | we are |
> | *vous* êtes | you are |
> | *ils/elles* sont | they are |

Stratégies! *Re-use language from before*

Toujours (always) is new. But you've used *parfois* and *souvent* before.

- Do you remember what they mean? If not, check on page 51.

3 ✏️ Écris les phrases, en français et en anglais.

Exemple: 1 Nous sommes souvent bruyants. *We are often noisy*.

1 souvent Nous bruyants. sommes
2 classe parfois La bruyante. est
3 toujours Je sage. suis
4 êtes sages histoire? Vous en
5 sommes maths. Nous sages toujours en

4 📖 Lis le texte. Une élève de troisième a quel âge?

les élèves – *pupils*

Les classes en France

- À onze ans, les élèves sont en sixième.
- À douze ans, les élèves sont en cinquième.
- À treize ans, les élèves sont en quatrième. (etc.)

5 a 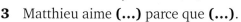 Lis le texte et complète les phrases.

1 Matthieu est en (**...**).
2 La classe est bruyante en (**...**).
3 Matthieu aime (**...**) parce que (**...**).
4 Les devoirs sont (**...**).

5 b 🔘 Écoute et lis. Il y a une différence? Lève la main!

5 c 💬 Lis le texte: A – une phrase, B – une phrase, etc.

5 d ✏️ Recopie et adapte *le premier paragraphe* pour ton collège et ta classe.

extra! Recopie et adapte les trois paragraphes.

6 a 🔘💬 Écoute et puis joue le dialogue.

A Tu es en quelle classe?
B *Je suis en 7DK.*
A Vous êtes toujours sages?
B *Non, nous sommes parfois bruyants.*
A Tu aimes l'uniforme?
B *Bof, l'uniforme est assez bien.*

6 b 💬 Adapte les questions et les réponses pour *ton* collège.

7 a Stratégies! *Working out meaning*

● Which of the ICT words look like English?
● Which words look like French words you know?
● Can you work out other words from the context/order? If not, look in the glossary (page 134).

7 b 📖 Trouve les paires: instruction et symbole.

Exemple: **A 5**

7 c 🔘 Prononce: *cliquez… ouvrez… tapez… fermez…* Écoute et vérifie.

7 d 🔘 Écoute (1–6). Note les symboles (A–F).

Le Collège Mazenot

Je suis en 6e B. Nous sommes souvent bruyants en sciences, mais nous sommes toujours sages en maths. Ma matière préférée, c'est la géographie, parce que c'est intéressant.

Les cours commencent à 8h00 et finissent à 16h40. Les cours sont trop longs – et les devoirs sont trop longs aussi! Mais les profs sont assez sympas.

Nous n'avons pas d'uniforme. Mon corres anglais a un uniforme: c'est ridicule!

Matthieu Grévin

tu es en quelle classe?			
je suis en 7M			
tu aimes l'uniforme?			
l'uniforme est nul/assez bien			
vous êtes toujours sages?			
nous sommes	parfois	assez	bruyants
la classe est	souvent toujours	très	bruyante sage

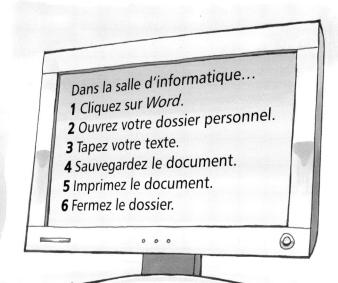

Dans la salle d'informatique…
1 Cliquez sur *Word*.
2 Ouvrez votre dossier personnel.
3 Tapez votre texte.
4 Sauvegardez le document.
5 Imprimez le document.
6 Fermez le dossier.

In instructions, miss out the *vous*: Vous cliquez – *You click* **Cliquez!** – *Click!*

11D En bus ou à vélo?

- say when you get up
- say how and when you get to school
- recognise reflexive verbs

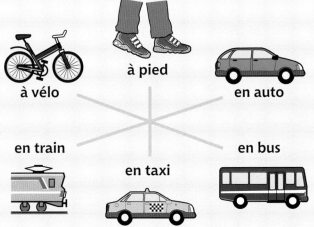

- Tu arrives au collège à quelle heure? *J'arrive à…*
- Tu viens au collège à vélo? *Je viens au collège…*

à vélo
à pied
en auto
en train
en taxi
en bus

Tu te lèves à quelle heure?
Je me lève à six heures et demie.

1 a 🔊 Écoute (1–6). Note l'heure.

Exemple: **1** 6h30

1 b 🔊 Écoute (1–6). Note le transport.

Exemple: **1** en bus

2 💬 Interviewe dix personnes de la classe. Note les réponses.

Tu te lèves à quelle heure?	Tu viens au collège à pied?	Tu arrives à quelle heure?
7h30, …	en auto ✔✔✔	8h40, 8h30, …

3 a ✏️ Écris les phrases (A et B).

A  `06:45` `08:15`

B `07:25` `08:50`

- Je me lève à…
- Je viens au collège…
- J'arrive au collège à…

3 b ✏️ Et toi? Écris trois phrases.

Flavy
Pendant la semaine, je me lève à six heures et demie, et je viens au collège en bus avec mes copines. D'habitude, j'arrive au collège à huit heures moins le quart.

Théo
Je me lève à quelle heure? Ça dépend. Normalement, à sept heures cinq, et j'arrive au collège à huit heures moins dix. Je viens au collège à pied, avec ma demi-sœur.

Habib
Normalement, je me lève à sept heures moins vingt, et j'arrive au collège à huit heures moins vingt.
Moi, je viens au collège en auto avec ma mère, qui est prof de sciences ici.

4 a 📖 Lis. Qui…

1 …se lève avant 7h00?
2 …prend les transports publics?
3 …va au collège avec un membre de sa famille?

avant – *before*   prend – *takes*

4 b 📖 extra!

Summarise Theo's speech bubble in three short sentences in English.

Grammaire: reflexive verbs

Some French verbs have an extra part:

je me *lève*	I get up	*je* m'*appelle*	I am called
tu te *lèves*	you get up	*tu* t'*appelles*	you are called

Ta routine / Your routine

les cours commencent à 8h00	lessons start at 8 am
les cours finissent à 15h30	lessons finish at 3:30pm
ta matière préférée, c'est quoi?	what's your favourite subject?
ma matière préférée, c'est l'anglais	my favourite subject is English
pourquoi?	why?
parce que…	because…
c'est assez facile	it's quite easy
c'est très intéressant	it's very interesting
le prof/la prof est super	the teacher is great

Opinions / Opinions

les profs…	what are the teachers
les cours…	are the lessons
les devoirs…	is the homework …
sont comment?	like?
les profs sont…	the teachers are…
trop stricts	too strict
assez sympas	quite nice
la prof de musique est stricte	the (female) music teacher is strict
les cours sont…	the lessons are…
longs	long
faciles	easy
les devoirs sont difficiles	the homework is difficult
tu aimes l'uniforme?	do you like the uniform?
l'uniforme est…	the uniform is…
assez bien	OK
nul	rubbish

Ta classe / Your class

tu es en quelle classe?	what class are you in?
je suis en 7M	I'm in 7M
vous êtes sages?	are you (pl) well-behaved?
nous sommes…	we are…
parfois bruyants	sometimes noisy
souvent bruyants	often noisy
toujours sages	always well-behaved
la classe est très bruyante	the class is very noisy

Les transports / Transport

je viens au collège…	I come to school…
en bus	by bus
en auto	by car
en taxi	by taxi
en train	by train
à vélo	by bike
à pied	on foot
je me lève à 7h00	I get up at 7 am
tu arrives au collège à quelle heure?	what time do you arrive at school?
j'arrive à 8h30	I arrive at 8.30 am

Instructions (to recognise) / Instructions (to recognise)

cliquez sur *Word*	click on *Word*
ouvrez votre dossier personnel	open your personal file
tapez votre texte	type your text
sauvegardez…	save…
imprimez…	print…
fermez le document	close the document

Grammaire:

adjectives	the verb **être** (to be)	reflexive verbs
With masculine plural nouns, the adjective takes an 's'.	*je* **suis** *nous* **sommes** *tu* **es** *vous* **êtes** *il/elle* **est** *ils/elles* **sont**	Some French verbs have an extra part: *je* **me** *lève, tu* **te** *lèves*

Stratégies!

★ using the context to help you:
   – choose the right dictionary definition
   – work out the meaning of new words

cross-topic words   **trop** – *too*   **parce que** – *because*

12A Tu aimes aller en ville?

- talk about things you like doing
- talk about things you have to do
- use verbs followed by the infinitive

> Pendant les grandes vacances, j'aime aller chez mes copains. J'aime faire des barbecues dans le jardin. Mais parfois je dois aller au supermarché: ça, c'est ennuyeux!

Les grandes vacances sont en juillet et août

1 a 💿 **Écoute et lis. Puis réponds aux questions en anglais.**

1 Where does Romain like going in the summer holidays?
2 What else does he like doing?
3 What does he sometimes have to do in the holidays?

1 b 📖 **C'est quoi en français?**

1 I like   2 I have to

2 a 💿 **Écoute (1–8) et note la lettre (A–H).**

2 b 💿 **Réécoute (1–8): c'est *j'aime* ou *je dois*?**

3 💬 Stratégies!

Keeping a conversation going

Don't just answer 'Yes' or 'No'. One way of keeping a conversation going is answering
Oui, et…   Yes, and…
Non, mais… No, but…

– **A** pose des questions.

– **B** répond: *Oui, et…/Non, mais…*

Exemple:

A Tu aimes aller chez tes grands-parents?

B *Non, mais j'aime aller en ville.*

A Tu aimes aller chez tes copains?

B *Oui, et j'aime aussi faire des excursions.*

Pendant les grandes vacances…

❤ … j'aime… ☝ … je dois…

A aller chez mes copains

B aller chez mes grands-parents

C aller à la pêche

D aller en ville

E faire les courses

F faire la vaisselle

G faire des excursions

H faire des barbecues

4 📖 **C'est quoi en anglais?**

1 J'aime faire les courses.
2 Je dois faire les courses.

> **Grammaire:** *j'aime/je dois* + the infinitive
>
> J'aime *aller en ville* – I like to go to town/I like going to town.
> Je dois *aller en ville* – I have to go to town.
>
> **J'aime** and **Je dois** are followed by the infinitive part of the verb.
> The infinitive is the name of the verb – the form you find in a dictionary:
>
> **aller** *v* to go
>
> **faire** *v* to do (shopping), go on (a trip), etc.
>
> Unlike the forms used after *je, il*, etc. (*je fais, il fait*, etc.), the infinitive never changes.

5 a 📖 **Lis les textes. Qui aime…**

a faire du shopping? **b** faire du sport? **c** faire des excursions?

> J'aime aller à la mer en auto avec ma famille. J'aime aussi faire des pique-niques à la campagne.
> *Jules*

> J'aime faire de la natation, et en juillet et août, j'aime aller à la piscine avec mes copains. J'aime faire du vélo, et j'aime aller à la patinoire.
> *Hamed*

> J'aime aller en ville. Les magasins sont super. Et j'adore le marché aussi. Je retrouve souvent mes copains au supermarché.
> *Sandrine*

5 b 📖 **Trouve et recopie sept expressions avec *j'aime* + *infinitif*.**

Exemple: **J'aime aller à la mer.**

5 c ✏️ **extra!** **Regarde dans le glossaire (page 134). Écris trois phrases avec *j'aime* + *infinitif*:**

I like… **1** horse-riding **2** sailing **3** skateboarding

6 💿 **Écoute (1–4): c'est quelle image (A–H) de l'exercice 2?**

extra! **Note des détails supplémentaires!**

Exemple: **1 C (avec son père, …)**

7 ✏️ **Écris les phrases (1–5).**

Exemple: **1 J'aime aller à la pêche.**

extra!

6 marché *m*

7 cinéma *m*

8 danse *f*

12B Projets pour août

- talk about things you are going to do using *je vais* + the infinitive
- learn key phrases for letter-writing

1 a ✏️ **Écris une phrase pour chaque image (1–9).**

Exemple: **1** Je vais aller à Blackpool.

1 b 💿 **Écoute et répète les phrases.**

à Paris	à Blackpool
	Je vais aller…	
en Espagne	en Italie

du tourisme	des promenades
	Je vais faire…	
des pique-niques	du camping

2 ✏️ **Ça rime! Recopie et complète les phrases.**

Exemple: **1** Pendant les vacances, je vais aller en France.

1 Pendant les vacances je (...) (...) en France.

2 En vacances en (...) je vais aller à la campagne.

3 Je vais faire des (...) avec ma copine Frédérique.

4 Je vais aller en (...) avec ma tante Amélie.

5 Je vais aller à (...) avec mon copain Jérémy.

6 Je (...) faire des excursions et de la natation.

> **Grammaire:** *je vais* + infinitive (talking about the future)
>
> To say what you're going to do, use je vais + the infinitive form of the verb:
>
> **Je vais** *rester chez moi* – I'm going to stay at home.
>
> **Je vais** *aller en France* – I'm going to go to France.
>
> ◄◄ Voir page 107

3 a 💿 **Écoute (1–4) et note la destination (A–C), les semaines (1, 2, 3) et les activités (X–Z).**

Exemple: **1: C, 1, Z**

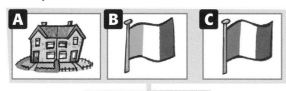

3 b 💬 **Joue et adapte la conversation.**

A Tu vas rester chez toi pendant les vacances?

B *Non, je vais aller en France.*

A Pour une semaine?

B *Oui, pour une semaine.*

A Tu vas faire du tourisme?

B *Oui, et je vais aussi faire des pique-niques.*

3 c ✏️ **Écris deux dialogues.**

extra! **Ajoute des détails supplémentaires. (*avec qui*? *j'aime/je n'aime pas…*)**

je vais	rester	chez moi
	aller	en France, en Italie, en Espagne à Paris, à Blackpool
tu vas	faire	du tourisme, du camping des promenades, des pique-niques
pendant les vacances pour une semaine/deux semaines		

6

7

8

chez moi

Je vais rester…

Les montagnes

---

4 a 📖 **Lis la lettre. Romain va faire les activités 1–6? Écris *oui* ou *non*.**

1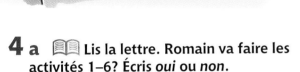

2

3

4

5

6

Chère Léa,

Merci pour ta lettre. Pendant les vacances, je vais faire du camping – dans le camping près de Paris. Toi aussi?

En août, je vais rester chez moi. Je vais aller à la pêche avec mon oncle: il est très amusant. Il y a un petit lac près d'Albertville où je vais faire de la natation. Et je vais aussi faire des tours à vélo. J'aime faire du vélo, mais ce n'est pas facile dans les montagnes!

Ma sœur va aller dans les Pyrénées. Elle aime faire des promenades dans les montagnes.

Bonnes vacances – et écris-moi bientôt!

Romain

---

4 b 💬 **Lis la lettre de Romain:**
A – une phrase, B – une phrase, etc.

Stratégies! *Writing letters*

● Learn these key phrases for writing letters:

Cher… – Dear… (to boy)
Chère… – Dear … (to girl)
Merci pour ta lettre – Thanks for your letter.
Écris-moi bientôt – Write to me soon.

4 c ✏️ **Écris une lettre à Marc, ton corres en France.**

● Écris une version de la lettre.
● Ton/Ta partenaire corrige ta lettre.
● Écris une deuxième version.

Exemple:

Cher Marc,

Merci pour ta lettre. Pendant les vacances, je vais aller en Espagne pour une semaine avec mes parents. Je vais faire du tourisme. Je vais aussi faire du camping avec mon cousin.

Écris-moi bientôt.

• read and understand a longer text

1 a 💿 Écoute et lis le texte A. C'est vrai (V) ou faux (F)?

1 Amir rentre du centre sportif.
2 Il aime faire du camping.
3 Il téléphone dans la salle à manger.
4 Amir va faire du camping en mai.

1 b 💿 Amir téléphone à Léa, Romain et Chloé. Écoute (1–3) et note la date.

extra! Note aussi: avec qui?

2 💿 Écoute et complète le texte B (1–5).

B

Le …(1)… juillet, Amir et sa famille arrivent au Camping du Lac, près de Paris.

«Hé! …(2)… , Amir!» crie Chloé. «Nous jouons au badminton. Tu joues …(3)… nous?»

«Oui, …(4)… !» dit Amir.

«Non», dit sa mère. «Amir, tu …(5)… dresser la tente.»

«Oh, maman! Je viens dans une demi-heure, Chloé.»

A

Un jour, en mai, Amir rentre du collège. Ses parents sont dans la salle à manger.

«Salut, Amir», dit sa mère. «Nous faisons des projets pour juillet… Nous allons faire du camping près de Paris.»

«Génial!» dit Amir. «J'adore Paris! Et j'adore faire du camping! Je vais téléphoner à Léa… »

Amir va dans le salon et téléphone à Léa.

«Salut, Léa. C'est Amir. Ça va? En juillet, je vais aller à Paris avec ma famille. Toi aussi, tu vas à Paris?»

C

Le soir, Amir et ses copains sont au café du camping.

«Lundi, nous allons visiter Paris», dit Romain. «Je dois visiter Notre-Dame avec mes parents. Mais moi, je voudrais aller sur un bateau-mouche.»

«Nous, nous allons aller à Paris mercredi», dit Léa. «Nous allons monter en haut de l'arc de Triomphe.»

«Mardi, c'est mon anniversaire», dit Amir.

un bateau-mouche devant Notre-Dame

La mère d'Amir arrive au café.

«Non, maman! Je ne veux pas faire la vaisselle!»

«Non, ce n'est pas la vaisselle, Amir!» Et Madame Longy dit aux copains: «Mardi, c'est l'anniversaire d'Amir. Nous allons faire une excursion en bateau-mouche. Je vous invite.»

«Super!» crient les copains.

3 💿 Écoute et joue la conversation C en groupes.   *extra!* Joue les conversations A, B et C.
Les rôles: Romain, Léa, Amir, Madame Longy.

4 🔘 **Dictée: En août… Écoute Amir et Léa, et écris.**

Exemple:
Amir: Je vais aller …

Sommaire

Pendant les vacances	**During the holidays**	**Les projets**	**Plans**
j'aime…	I like…	je vais…	I'm going to…
aller à la pêche	going fishing	aller à Paris	go to Paris
aller chez mes grands-parents	going to my grand-parents	aller en Italie	go to Italy
aller chez mes copains	going to my friends	aller en Espagne	go to Spain
aller en ville	going into town	faire du camping	go camping
j'aime…	I like…	faire du tourisme	go sightseeing
faire des barbecues	having barbecues	faire des promenades	go walking
faire des excursions	going on trips	faire des pique-niques	have picnics
je dois…	I have to…	rester chez moi	stay at home
faire les courses	do the shopping	tu vas rester chez toi pendant les vacances?	are you going to stay at home during the holidays?
faire la vaisselle	do the washing-up	pour une semaine aussi	for one week also
les grandes vacances	the summer holidays		

Grammaire:
verbs followed by the infinitive:

j'aime I like	*j'aime aller* en ville
je dois I have to	*je dois faire* la vaisselle
je vais I'm going to	*je vais rester* chez moi

Stratégies!

★ using some useful letter-writing phrases

Cross-topic words
pendant – *during*   avec – *with*

Unité 11 (Des problèmes? Consulte la page 105.)

1 a 🔵 Écoute (1–6). Tu viens au collège à/en...?

Exemple: **1 B**

 **A**
 **B**
 **C**

1 b ✏️ Écris six phrases.

Exemple: **A** Je viens au collège en taxi.

 **D**
 **E**
 **F**

2 a 📖 Trouve les paires: question + réponse.

1   Tu arrives au collège à quelle heure?
2   Les cours commencent à quelle heure?
3   La récréation dure combien de minutes?
4   Tu as beaucoup de devoirs?
5   Les profs sont comment?
6   Il y a une piscine au collège?
7   Les cours finissent à quelle heure?
8   Il y a combien d'élèves au collège?

a   Non, il n'y a pas de piscine.
b   La récréation dure vingt minutes.
c   Ils sont stricts, mais sympas.
d   Les cours commencent à neuf heures.
e   J'arrive à neuf heures moins le quart.
f   Il y a environ 1200 élèves au collège.
g   Oui, j'ai beaucoup de devoirs.
h   Les cours finissent à trois heures et demie.

2 b 💬 Pose les questions à ton/ta partenaire.

Unité 12 (Des problèmes? Consulte la page 111.)

3 ✏️ Tu as une semaine de vacances. Qu'est-ce que tu vas faire?

Exemple: **Lundi, je vais aller chez mes grands-parents.**

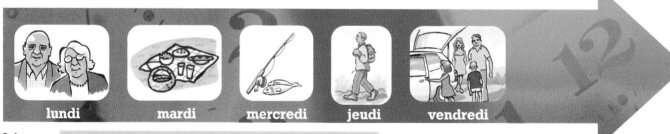

lundi   mardi   mercredi   jeudi   vendredi

faire...   des piques-niques   à la pêche   une excursion
aller...   une promenade   chez mes grands-parents

Complète ton dossier personnel!

✏️ **Au collège**
- Les cours commencent à neuf heures.
- Les cours sont trop longs.
- Je viens au collège à vélo.

✏️ **Pendant les vacances**
- J'aime aller en ville.
- Je dois faire la vaisselle.
- Je vais aller en France.

Bravo!
Ton dossier personnel
est complet!

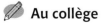

Tourisme-Aventure: le rafting dans la vallée du Verdon

La descente du Verdon en raft:

- de 6 à 8 participants
- guide à bord
- raft stable et insubmersible
- pas d'expérience nécessaire

L'organisation de l'excursion est facile!

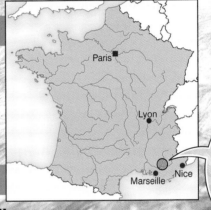

1 Réservation au bureau au centre de Castellane.

2 Départ de la base à 1 km de Castellane.

3 Descente du Verdon (deux heures).

4 Retour à la base en minibus.

Infos sur Internet: recherche "Verdon rafting".

Prix et conditions:

- deux heures de descente: 30€
- âge minimum: 10 ans (8 ans pour les enfants accompagnés des parents)
- descente en raft le mardi et le vendredi.

1 C'est quoi en français?

1 trip down the river Verdon
2 on board
3 no experience necessary
4 return to base
5 two hours

2 C'est vrai (V) ou faux (F)?

1 Il y a quatre personnes dans le raft.
2 Il y a un guide.
3 Je dois avoir de l'expérience.
4 Je dois réserver à Castellane.
5 La descente en raft, c'est trente euros.
6 Il y a une descente le dimanche.

Stratégies!

- The activities on these pages give you more practice in what you've learnt in each unit.
- Remember, you can look at the vocabulary list at the end of each unit for help if you need it.

1 ✏️ Écris les phrases. *Write the sentences.* (◀◀ pp. 8–9)

Exemple: **1 Comment t'appelles-tu?**

1 t'appelles Comment -tu?
2 Léa. m'appelle Je
3 va? Ça

4 Oui, merci. ça bien va
5 Non, mal. super
6 revoir. Au

2 ✏️ Écris les phrases.

Exemple: **1 Je m'appelle Patrick et je suis français.** (◀◀ p. 11)

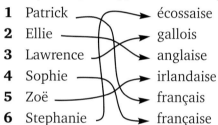

1 Patrick — écossaise
2 Ellie — gallois
3 Lawrence — anglaise
4 Sophie — irlandaise
5 Zoë — français
6 Stephanie — française

3 📖 WARNING: the underlined English translations are wrong! Copy the French instructions and write the correct English translation next to each one. (◀◀ p. 13)

Exemple: **1 Copy the words.**

1 Recopie les mots. – <u>Listen</u> to the words.
2 Joue les dialogues. – <u>Write</u> the dialogues.
3 Écris les phrases. – <u>Repeat</u> the sentences.

4 Écoute et lis. – Listen and <u>repeat</u>.
5 Répète les noms. – <u>Copy</u> the names.

extra! *Find three more instructions in Unit 1. Copy them and write an English translation next to each one. Use the list of rubrics on page 143 if you need help.*

4 ✏️ Écris six phrases. (◀◀ p. 14)

Exemple: **1 J'aime/Je n'aime pas la musique.**

J'aime	le…
Je n'aime pas	la…
	les…

extra! **Recopie et complète le dialogue.**
Copy and complete the dialogue.

A Salut! Co💥ent t'appelles-tu?
B Je m'app💥 Christophe. Et t💥?
A Je 💥ppelle Stéphanie. Ça 💥?
B Oui, ça va b💥, merci.
A Où 💥ites-tu?
B J'hab💥 à Stirling.
A Tu 💥 anglaise?
B Non, je s💥 éco💥aise.
A Tu aimes 💥 football?
B Non, je n'💥e pas le foo💥all.
A Au re💥!

1 🖊 Recopie et complète les six questions. (◄◄ pp. 16–17)

extra! Réponds aux questions 1–5.
Answer questions 1–5.

| comment | as | quoi | frères | va | où |

1 As-tu des (…) et sœurs?
2 Quel âge (…)-tu?
3 (…) habites-tu?
4 Ça (…) ?
5 (…) t'appelles-tu?
6 C'est (…) en français?

2 🖊 Écris six phrases. extra! Ajoute des détails. (◄◄ pp. 18–19)

Exemple: **1** J'ai deux chats (qui s'appellent Cola et Pepsi).

un chat qui s'appelle
deux chat**s** qui s'appell**ent**

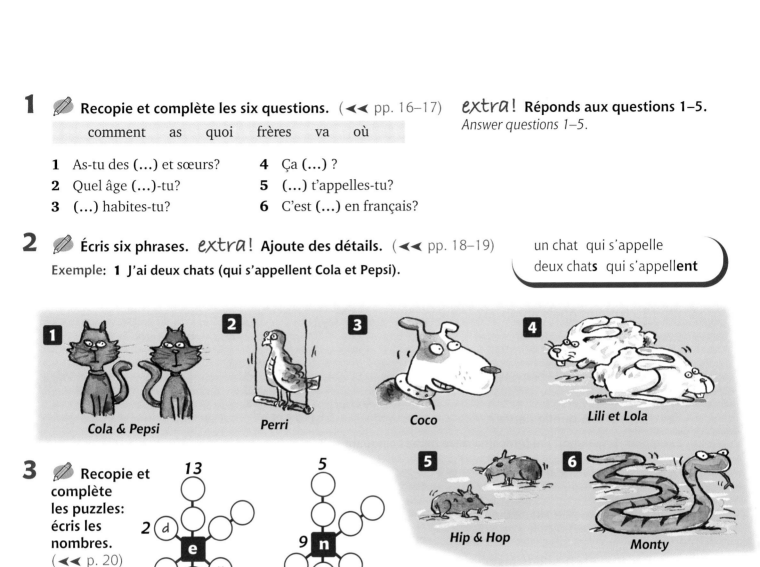

1 Cola & Pepsi
2 Perri
3 Coco
4 Lili et Lola
5 Hip & Hop
6 Monty

3 🖊 Recopie et complète les puzzles: écris les nombres. (◄◄ p. 20)

13
5
2 d
e
u
x
9
9 n
11

4 🖊 Catégories: recopie les mots. Fais quatre (4) listes. (◄◄ pp. 16–22)

enfant unique   quinze   des poissons tropicaux
une perruche   un chien   trente et un   une demi-sœur
neuf

la famille (family)	les nombres (numbers)	les mois (months)	les animaux (animals)
	neuf		

août
un zèbre
juillet
décembre
vingt-deux   un lapin   un frère
février   huit   une sœur

🖊 extra! C'est quand, ton anniversaire? Écris les dates.

Mon anniversaire, …

1 … c'est le ZONE INJU . 2 … c'est le ZENQUI LAVRI . 3 … c'est le EZISE BREMEDÉC .

4 … c'est le TINGV-DEXU OTÛA . 5 … c'est le TEERNT NAJVIRE . 6 … c'est le MERPIER AMI .

1 📖 **Quiz! Trouve les paires de mots.** (◀◀ pp. 26–27)

Exemple: **1** lundi, maths

1   l m u a n t d h i s   **3**   m f e r r a c n r ç e a d i i s   **5**   v h e i n s d t r o e i d r i e

2   a n m g a l r a d i i s   **4**   d j e e s u s d i i n

✏️ *extra!* **Écris cinq (5) phrases correctes avec les mots de l'exercice 1.**

Exemple: **1** Le lundi, nous avons maths.

2 📖 **Tu trouves quels nombres?** (◀◀ p. 28)

Exemple: 3, 10, …

troiszedixantvingttrente-deuxseiquatrejiosixsept *cinq-quarante* *dix-huittreizedouzewescinquante* *neufsoixanteetun* *dnosapatuenquinzetredionzeet*

✏️ *extra!* **À quelle heure?**

Exemple: **1** Le lundi, j'ai français à onze heures cinquante.

1 lun. 11h50   **2** lun. 13h40   **3** mar. 10h45   **4** merc. 11h35   **5** jeu. 14h15   **6** ven. 9h25

3 ✏️ **Recopie et complète les phrases.** (◀◀ pp. 30–31)

difficile   ennuyeux   facile   nul   super   intéressant

1 La géographie, c'est *great* .   **3** L'histoire, c'est *difficult* .   **5** La musique, c'est *easy* .

2 Le dessin, c'est *boring* .   **4** L'anglais, c'est *interesting* .   **6** Les sciences, c'est *rubbish* .

📖 *extra!* **Logique (✔) ou pas logique (✗)?**   Exemple: **1** ✗

1 J'adore les maths parce que c'est ennuyeux.
2 Je déteste l'histoire parce que c'est difficile. C'est nul.
3 Je n'aime pas les maths parce que c'est facile et intéressant.
4 Je déteste la géographie parce que c'est intéressant. C'est super!
5 J'aime l'éducation physique parce que c'est facile.

4 ✏️ **Écris les questions.** (◀◀ p. 32)   tu as?   vous avez?   s'il te plaît   s'il vous plaît

Exemple: **1** Vous avez une règle, s'il vous plaît, Madame Simonet?

1 *Madame Simonet*   **2** *Amina*   **3** *Monsieur Collon*   **4** *Martin*   **5** *Antoine*

1 ✏️ **Écris les parfums des glaces.** (◀◀ pp. 34–35)

Exemple: 1 chocolat et vanille

2 a ✏️ **Écris les commandes au Café du Port.** (◀◀ pp. 36–37)

Exemple: 1 un sandwich au jambon et une limonade

les commandes – *the orders*

2 b 📖 **Choisis et recopie les bons nombres.**

1 80: quarante-huit / quatre-vingts?

2 70: soixante-dix / quatre-vingt-dix?

3 75: soixante-cinq / soixante-quinze?

4 90: quatre-vingt-dix / soixante-dix?

✏️ **extra!** **Écris les nombres.**

1 60 **2** 72 **3** 85 **4** 99 **5** 100

3 ✏️ **Écris les phrases avec les mots dans le bon ordre.** (◀◀ pp. 38–39)

1 habites Où -tu?

2 à J' Roubaix habite.

3 ville grande C'est près une Lille. de

4 J' Roubaix. aime

5 assez C'est bien.

✏️ **extra!** **C'est quoi?**

Exemple: 1 C'est une petite glace.

un	café coca sandwich	une	glace limonade
grand/grande		petit/petite	

4 📖 **Quiz! C'est logique! Recopie et complète les phrases avec** *mon/ma/mes.* (◀◀ p. 40)

Exemple: 1 Le père de ma mère, c'est *mon grand-père*

1 Le père de ma mère c'est (...).

2 Mon oncle a un frère. C'est (...).

3 Mes parents ont deux enfants, Damien et moi. Damien, c'est (...).

4 La mère de mon père, c'est (...).

5 Qui sont les parents de mes parents? (...).

6 Ma tante a une sœur. C'est (...).

1 ✏️ **Écris cinq phrases.** (◀◀ pp. 44–45) | je joue au… | je ne joue pas au… |

2 ✏️ **Recopie et complète les phrases avec le bon verbe.** (◀◀ pp. 46–47)

| dîne | arrive | adore | déteste | déjeune | rentre |

1 Ma copine, Andréa, (…) au collège à 7h45.
2 Elle (…) le français, parce que c'est facile.
3 Mais elle (…) l'éducation physique. C'est ennuyeux.

4 Elle (…) à la cantine.
5 Elle (…) à la maison à 16h30.
6 Le soir, elle (…) à 19h.

✏️ **extra!** **Invente trois phrases:**

Andréa joue…   Elle joue dans/avec/au…
Elle aime…   Elle n'aime pas…

3 📖 **Lis la lettre. Regarde les images A–H: c'est Élodie, Jérémy, ou Élodie + Jérémy?** (◀◀ pp. 48–49)

 A   **B**   **C**   **D**

 **E**   **F**   **G** 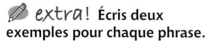 **H**

✏️ **extra!** Écris deux exemples pour chaque phrase. | chaque – *each* |

1 Je joue au tennis avec **mon**…
2 Je joue au tennis avec **ma**…
3 Je joue au tennis avec **mes**…

> **Salut!**
>
> Je m'appelle Élodie et j'ai treize ans. Je joue au basket et j'adore aussi le football. Je joue dans un club. Parfois je joue au tennis avec mon frère, Jérémy. Il a douze ans.
>
> Jérémy joue au rugby au collège, mais moi, je ne joue pas au rugby.
>
> Le soir, Jérémy et moi, nous regardons la télé. Je surfe parfois sur Internet, mais Jérémy ne surfe pas. Il écoute de la musique. Parfois nous jouons au ping-pong. C'est amusant!
>
> Et toi, tu aimes le sport?
>
> Élodie

4 ✏️ **extra!** **Tu es Fabien ou Magali. Écris une lettre (mentionne neuf activités).** (◀◀ p. 50)
Exemple: **Salut! Je m'appelle Fabien.**   Je… Ma sœur…   Parfois, nous… Mes parents…

Fabien		**Magali**	**Parents**
jeux vidéo	musique	télé	tennis
football	ping-pong		vidéos
	copains	badminton	Internet

1 ✏️ **Écris cinq phrases.**
(◀◀ pp. 52–53)

Exemple: Dans mon quartier,
il y a un/une/beaucoup de…

✏️ extra!

1 C'est quoi en français, *fountain* et *museum*? (Regarde dans le glossaire anglais-français, pages 141–43.)
Attention! C'est masculin (**un**) ou féminin (**une**)?

2 Écris en français: *There is a fountain in my village. There is a museum.*

2 📖 **Lis la lettre et réponds aux questions en anglais.** (◀◀ pp. 54–55)

1 *Where does Chloé live?*
2 *Is there a skating rink there?*
3 *What is there in St-Malo?*
4 *When are there lots of tourists in St-Malo?*

✏️ extra! **Réponds en français.**

1 Chloé n'aime pas son village. Pourquoi?
2 Il y a une piscine dans le village?
3 Chloé n'aime pas le café dans son village. Pourquoi?
4 Elle aime St-Malo. Pourquoi?

> Salut, Ali!
>
> Merci pour ta lettre!
>
> J'habite dans un village près de St-Malo, en Bretagne. C'est ennuyeux: c'est nul pour les jeunes! Il n'y a pas de piscine et il n'y a pas de patinoire.
>
> Il y a un café, mais il n'y a pas de musique dans le café. Le café, c'est bien pour les grands-pères!
>
> St-Malo, c'est super! Il y a un grand centre sportif moderne. Il y aussi beaucoup de magasins. Et en juin, juillet et août, il y a beaucoup de touristes!
>
> Chloé

3 ✏️ **Quelle heure est-il? Écris six phrases en français.** (◀◀ pp. 56–57)

Exemple: 1 Il est…

4 ✏️ **Anagrammes: on se retrouve devant… Trouve et écris les cinq phrases.** (◀◀ p. 58)

1 le lingwob   **2** la spinice   **3** le carp d'actrations   **4** la noiripate   **5** le manéci

✏️ extra! **Regarde l'exercice 1 (extra!). Écris en français:**

1 *Shall we meet in front of the fountain?*   **2** *Shall we meet in front of the museum?*

1 🖊 **Dans le miroir... Écris les phrases.** (◄◄ pp. 62–63)

1 Le week-end, je vais à la patinoire.

2 Tu vas parfois au bowling?

3 Je ne vais pas à la piscine.

4 Je vais parfois au centre sportif.

5 Est-ce que tu vas à la piscine le week-end?

6 Je vais souvent au terrain de football.

2 a 🖊 **Tu vas où? Écris des phrases correctes.** (*Code: lettre + 1*) (◄◄ pp. 64–65)

Exemple: 1 Je vais à la bibliothèque.

1 Je vais à la **AHAKHNSGDPTD** .

2 Tu vas au club d' **HMENQLZSHPTD** ?

3 Aurore va au **OZQB** .

4 Damien va au **LZQBGD** .

5 Tu vas à la **BZLOZFMD** , Gaëlle?

6 Non, je vais à la **LDQ** .

2 b 📖 **Trouve les paires: phrases (1–6) de l'exercice 2a et images (A–F).**

 A   **B**   **C**   **D**   **E** **F**

🖊 extra! **C'est quoi en français? Regarde dans le glossaire, et écris quatre phrases:** *Je vais au/à la...*

1 *post office* **2** *museum* **3** *castle* **4** *video shop*

3 🖊 **Écris le dialogue avec les mots dans le bon ordre.** (◄◄ pp. 66–67)

L'employée	Monsieur! Bonjour,
M. Dufour	combien l'entrée, s'il C'est plaît? vous
L'employée	euros pour dix adulte. C'est un
M. Dufour	pour Et enfant? un
L'employée	enfant. Sept un euros pour
M. Dufour	Alors, adultes. enfant un et deux visite quelle à Il y a heure? une guidée
L'employée	À français. heures, en dix
M. Dufour	Madame. Merci revoir! Au

🖊 extra! **Écris un dialogue avec des détails différents.**

Nausicaa

Centre National de la Mer
Boulogne sur Mer

• *4000 m² d'aquariums*

Tarifs:
• adultes – 13€
• enfants – 9€

4 🖊 **Où va Sophie?** **Exemple: 1** Elle va en *France*. (◄◄ p. 68)

1 FRA

2 IT

3 TUR

4 ESP

5 GRANDE-

a AGNE

b BRETAGNE

c ALIE

d NCE

e QUIE

1  **Les questions: recopie les questions dans l'ordre des réponses (1–8).** (◀◀ pp. 70–71)

Exemple: 1 Comment t'appelles-tu?

1 Je m'appelle Laura.

2 J'ai douze ans.

3 J'habite à St-Malo.

4 Mon anniversaire, c'est le vingt janvier.

5 Je supporte St-Étienne.

6 J'adore le chocolat.

7 Je déteste le football.

8 Non, je suis enfant unique.

réponses – *answers*

Qu'est-ce que tu aimes?

Comment t'appelles-tu?

Quel âge as-tu?

Tu supportes qui?

Où habites-tu?

Qu'est-ce que tu n'aimes pas?

Tu as des frères et sœurs?

C'est quand, ton anniversaire?

✏️ **extra!** **Écris tes réponses aux questions.**

2 ✏️ **Écris cinq phrases.**
(◀◀ pp. 72–73)

Exemple: **Ma couleur préférée, c'est le jaune.**

extra!
✏️ **Écris neuf phrases!**

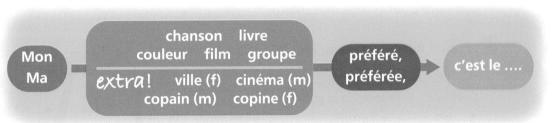

Mon / Ma → chanson / livre / couleur / film / groupe / **extra!** ville (f) / cinéma (m) / copain (m) / copine (f) → préféré, préférée, → c'est le ….

3 a ✏️ **Un groupe: écris quatre phrases.** (◀◀ pp. 74–75)

Exemple: **La guitariste s'appelle…**

chanteur   chanteuse
guitariste   batteur

Alain   Noé   Camille   Moussa

3 b ✏️ **Recopie et complète les phrases:**

1 Il y a quatre **NONESSPER** dans le groupe.

2 *Lundi Noir*, c'est mon **POUREG** préféré.

3 J'adore la **SIMUQUE** de *Lundi Noir*.

4 Mon **BALMU** préféré, c'est *Paris, Paris*.

4  *Son, sa, ou ses?* **Recopie et complète.** (◀◀ p. 76)

Mon copain s'appelle Pierre. Il habite avec …(1)… grands-parents. …(2)… frère a 9 ans, et …(3)… sœur a 17 ans.

…(4)… couleur préférée, c'est le noir. …(5)… chats s'appellent Choco et Café.

✏️ **extra!** **Écris une description de Hassan.**

Exemple: **Il s'appelle Hassan Aladjem et il habite à…**

Profil

Nom:	Hassan Aladjem
Ville:	Marseille
Famille:	trois frères, une sœur
Animaux:	–
Nationalité:	français
Âge:	14 ans
Anniversaire:	le premier février
Aime:	les gameboys, le football
Supporte:	l'Olympique de Marseille
N'aime pas:	le fromage
Couleur préférée:	le rouge

1 ✏️ Pauline adore la musique. Écris les phrases avec les mots dans le bon ordre. (◀◀ pp. 80–81)

Exemple: **1 Elle écoute souvent de la musique.**

1 souvent de la musique. écoute Elle
2 joue Elle clavier. du
3 flûte à bec. Elle de la joue

4 Elle au collège. dans l'orchestre est
5 a CD. beaucoup Elle de
6 chorale. une dans est Elle

2 📖 Trouve et recopie les phrases. (◀◀ pp. 82–83)

jejoueduclavierjefaisdushoppingjejouedelabatteriejefaisdeladansejejouedelaflûteàbec

✏️ extra! Écris un exercice similaire pour ton/ta partenaire.

3 a 📖 Recopie et complète les phrases. (◀◀ pp. 84–85)

fais   joue   vais.

Exemple: **1 Je joue de la guitare.**

1 Je (…) de la guitare.
2 Je (…) souvent du vélo.
3 Je (…) à la bibliothèque le samedi matin.
4 Le week-end, je (…) de la marche.
5 Je (…) au cinéma avec mes parents.
6 Le mardi, je (…) du violon.

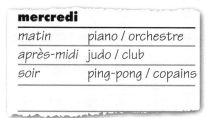

A **B** **C** **D** **E** **F**

3 b 📖 Trouve les paires: phrases (1–6) et images (A–F).

✏️ extra! Écris neuf phrases.

Exemple: **Le mercredi matin, je joue du piano dans l'orchestre.**

mercredi	
matin	piano / orchestre
après-midi	judo / club
soir	ping-pong / copains

samedi	
matin	badminton / centre sportif
après-midi	shopping / parents
soir	surfe / Internet

dimanche	
matin	natation / frère
après-midi	patinoire / copine
soir	télé / ma famille

4 ✏️ extra! Recopie et complète les phrases. (◀◀ p. 86)

1 Samedi matin, je (…) allé (…) la piscine (…) mon frère.
2 L'après-(…), j'ai (…) du vélo.
3 Le soir, j'(…) joué (…) badminton (…) club des jeunes.

1  **Lis la lettre. C'est vrai (V) ou faux (F)?**
(◄◄ pp. 88–89)

1 Romain habite dans un appartement.
2 Romain dîne dans la salle à manger.
3 La famille de Romain a un grand garage.
4 Il y a quatre chambres.
5 La salle de bains est en bas.
6 La chambre de Romain est assez petite.
7 Romain déteste sa chambre.
8 Romain a beaucoup de posters.

✎ *extra!* **Écris une lettre à Romain. Décris
ta maison ou ton appartement.**

2 ✎ **Écris les phrases avec les bons mots.** (◄◄ pp. 90–91)

Exemple: **1 Marie a une hi-fi.**

1 Marie a `un ordina` `scope.`
2 Félix a `un magnéto` `sole de jeux.`
3 Amina a `une hi-` `teur.`
4 Victor a `beau` `fi.`
5 Habib a `une con` `coup de plantes.`

✎ *extra!* **Écris cinq phrases similaires.**

> Salut Amir!
>
> Merci pour la photo de ton appartement.
> Moi, j'habite dans une maison, à quatre
> kilomètres du centre d'Albertville.
>
> En bas, il y a le salon et la cuisine. Nous
> dînons normalement dans la cuisine. Nous
> avons un double garage pour deux autos.
>
> En haut, il y a trois chambres. Il y a aussi la
> salle de bains et les toilettes. Ma chambre
> est assez petite. Mais j'aime beaucoup ma
> chambre: j'ai beaucoup de posters de mes
> stars préférées.
>
> Écris-moi bientôt!
>
> Romain

3 ✎ **Écris les cinq phrases.** (◄◄ pp. 92–93)

Exemple: **1 Il y a *une petite table brune* dans le salon.**

1 Il y a `brune  petite  table  une` dans le salon.
2 Nous avons aussi `grand  confortable  un  canapé`.
3 C'est stupide: `pas  il  de  n'y  a  table` dans le salon.
4 Il y a un ordinateur dans `ma  sœur  de  chambre  la`.
5 Dans ma chambre, `j'ai  fauteuil  vert  grand  un`.

✎ *extra!* **Écris cinq phrases:
Nous avons…**

1   **2**   **3**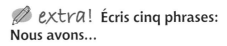

4  **5**

4  **Recopie et complète les phrases.** (◄◄ p. 94)

ai	as	a	avons	avez	ont

1 Vous (…) une maison?
2 Non, nous (…) un grand appartement.
3 Mon frère (…) un ordinateur.
4 Mes parents (…) un bureau.
5 Tu (…) un hamster?
6 Non, mais j' (…) un petit chien brun et blanc.

1 📖 Recopie et complète les phrases. (◄◄ pp. 98–99)

1 (…) cours commencent à (…) heure?

2 Les cours (…) à neuf heures moins vingt-(…).

3 Les cours (…) à quatre heures moins le (…).

4 Ma (…) préférée, c'est l'éducation (…).

5 J'aime l'anglais (…) que c'est assez (…).

> matière   parce   commencent   finissent   les
> cinq   facile   quelle   quart   physique

extra! Change un détail dans chaque phrase.   `chaque – each`

2 ✏️ Écris trois possibilités pour chaque blanc. (◄◄ pp. 100–101)

`chaque blanc – each gap`

Exemple: **1 Les (profs/cours/devoirs) sont comment?**

1 Les (…) sont comment?

2 Les profs sont (…) stricts.

3 La prof de (…) est assez sympa.

4 Les profs sont (…).

5 Les devoirs sont très (…).

> intéressants   trop   cours   maths   sympas
> sciences   devoirs   longs   très   stricts   profs
> assez   faciles   super   français

extra! Recopie et complète la lettre.

- Décris: les profs, les cours, les devoirs.
- Signe ta lettre.

> Salut, Christophe!
>
> Merci pour ta lettre.
>
> Mon collège s'appelle…
> Les profs sont…
> Les cours…   Les devoirs…
>
> Écris-moi bientôt!

3 ✏️ Écris les phrases. (◄◄ pp. 102–103)

Exemple: **1 L'uniforme est nul.**

1 l'uniforme   nul   est

2 sommes   sages   nous

3 est   la   bruyante   classe   souvent

4 toujours   sages   vous   êtes   ?

5 aimes   l'uniforme   tu   ?

6 es   classe   en   tu   quelle   ?

✏️ **extra!** Le verbe *être*: recopie et complète les phrases.

1 Le collège **est** assez grand.

2 Je (…) en 7E.

3 Les cours (…) trop longs.

4 Tu (…) en 7ST?

5 Nous (…) assez bruyants.

6 Et vous, vous (…) toujours sages?

7 Mme Lagrange (…) la prof de dessin.

8 Mes copines Anne et Sarah (…) dans ma classe.

4 ✏️ Écris six phrases: *Je viens au collège en/à…* (◄◄ p. 104)

✏️ **extra!** Écris quatre phrases avec différentes destinations.

◄◄ Voir page 59

Exemple: Je vais au centre sportif en bus.

1 a ✏️ Écris les phrases. (◀◀ pp. 106–107)

Exemple: 1 Je *dois* faire la vaisselle.

1 Je **SDIO** faire la **LESAVISEL** .

2 J' **IMEA** aller à la **ÊPEHC** .

3 J' **EIMA** aller en **LIVEL** .

4 Je **DISO** faire les **SERUCOS** .

5 J' **AEIM** faire des **CEUSRABBE** .

6 J' **AMIE** aller chez mes **POCAINS** .

📖 *extra!* Écris trois anagrammes pour ton/ta partenaire.

1 b 📖 Trouve les paires: phrases (1–6) de l'exercice 1a et images (A–F). Exemple: **1 C**

2 a ✏️ Écris les phrases. (◀◀ pp. 108–109)

1 Je vais aller en Espagne pour deux semaines.

2 Je vais faire des pique-niques avec mes copains.

3 Je vais aller en France et je vais faire du camping à Paris.

4 Je vais rester chez moi et je vais faire des pique-niques.

2 b 📖 Recopie et complète le texte.

Pendant …(1)… grandes vacances, j'aime aller …(2)… mes grands-parents. J'aime …(3)… des promenades avec …(4)… grand-père. J'aime aussi aller …(5)… la pêche. …(6)…, je dois faire …(7)… vaisselle. Je n'aime …(8)… ça!

la	mon
chez	à
les	faire
parfois	pas

extra! Recopie et adapte le texte: change cinq détails!

3 📖 *Révision.* Trouve les paires: phrases (1–8) et thèmes (A–H).

Exemple: 1 B

1 J'ai deux frères; je n'ai pas de sœurs.

2 Il y a la cuisine et le salon en bas; en haut il y a trois chambres.

3 Je fais de la natation, je fais du vélo et je joue au football.

4 Il y a deux cinémas, une bibliothèque et une piscine.

5 Deux boules, s'il vous plaît – cassis et fraise. C'est combien?

6 J'ai deux chats et un cochon d'Inde. Je n'ai pas de chien.

7 Le samedi, je dois faire les courses. Le dimanche, j'invite des copains et nous jouons aux jeux vidéo.

8 Le mardi, j'ai anglais, français et maths. Les cours commencent à neuf heures.

A le collège
B la famille
C la ville
D les animaux
E le sport
F les glaces
G la maison
H le week-end

● Use these pages to check any grammar point you're not sure of.   ● If you're still not sure, ask your teacher.

Here's an example of where parts of a French sentence are explained:

le (A2.1)   **je** – *I* (C1.1)   **au** (C4.1)   **ma** – *my* (A2.3)   nouns (A1)

● **Le week-end, je vais au bowling avec ma petite sœur.**

week-end   **vais**   **avec**   **petite**
when/how often (D4)   *irregular verb* (B3.3)   *preposition* (C4.3)   *adjectives* (A3)

Glossary of terms

● **Adjectives les adjectifs**
… are words that describe somebody or something:
grand *big*   **vert** *green*

● **Determiners**
… come before nouns and limit them:
les *the*   **un** *a*   **ma** *my*

● **The infinitive l'infinitif**
… is the 'name' of the verb, as listed in a dictionary:
jouer *to play*   **aller** *to go*

● **Nouns les substantifs**
… are words for somebody or something:
frère *brother*   **musique** *music*

● **Prepositions les prépositions**
… are words used with nouns to give information about when, how, where, etc:
à *at, in, to*   **pour** *for*
avec *with*   **dans** *in*

● **Pronouns les pronoms**
… are short words used instead of a noun or name:
je *I*   **tu** *you*   **il** *he*   **elle** *she*

● **Singular and plural singulier et pluriel**
– *singular* refers to just <u>one</u> thing or person:
chat *cat*   **sœur** *sister*
– *plural* refers to more than one thing or person:
chats *cats*   **sœurs** *sisters*

● **Verbs les verbes**
… express an action or a state:
j'**habite** *I live*   j'**ai** *I have*
elle **aime** *she likes*

A Masculine/feminine, singular/plural

A1 Nouns

A1.1 Singular and plural nouns

- As in English, French nouns can be singular or plural. Most plural nouns end in -s:

  1 frère, 2 frères *1 brother, 2 brothers*

  Unlike in English, the added -s is usually <u>not</u> pronounced.

- Some French nouns take a different ending in the plural:

  1 animal, 2 animaux *1 animal, 2 animals*

A1.2 Masculine and feminine nouns

- One key difference between English and French grammar is that <u>all</u> French nouns fall into one of two categories. We call these categories masculine and feminine.

  For example: – **crayon, parc, CD, football, film** are all masculine nouns.

  – **table, géographie, France, hi-fi, pizza** are all feminine nouns.

- Some nouns have a masculine and feminine form:

  le prof *the male teacher* **la prof** *the female teacher*

- Some nouns have two different forms:

  un copain *a male friend* **une copine** *a female friend*

A2 Determiners

A2.1 le, la, les the

- The word for 'the' depends on whether the noun is masculine or feminine, singular or plural.

masculine singular	feminine singular	masculine and feminine plural
le	**la**	**les**

  le chat *the cat*   la ville *the town*   les magasins *the shops*

- If singular nouns begin with a vowel or a silent *h*, **le** and **la** are shortened to **l'**:

  l'animal *the animal*

- **le**, **la** and **les** are sometimes used when we don't say 'the' in English:

  j'aime **l'**histoire *I like history*
  je rentre à **la** maison *I go home*

- **le** is also used with expressions of time:

  le soir *in the evening*
  le lundi *on Mondays*
  le week-end *at the weekend*
  le lundi après-midi *on Monday afternoons*
  lundi *on one particular Monday*

A2.2 un, une, des a/an, some

- Like the words for 'the', the words for 'a/an' and 'some' depend on whether the noun is masculine or feminine, singular or plural.

masculine singular	feminine singular	masculine and feminine plural
un	**une**	**des**

  un village *a village* **une** règle *a ruler* **des** vidéos *some videos*

- **des** can be used when we don't say 'some' in English:

  Je voudrais des frites. *I'd like chips* or *I'd like some chips.*

A2.3 mon, ton, son, etc. my, your, his/her

- The word for 'my' depends on whether the noun it is used with is masculine or feminine, singular or plural.

masculine singular	feminine singular	masculine and feminine plural
mon	**ma**	**mes**

  mon frère **ma** sœur **mes** parents
  my brother *my sister* *my parents*

- The word for 'your' also depends on whether the noun it is used with is masculine or feminine, singular or plural.

masculine singular	feminine singular	masculine and feminine plural
ton	**ta**	**tes**

  ton frère **ta** sœur **tes** parents
  your brother *your sister* *your parents*

- The word for 'his' and 'her' is the same. It depends on whether the noun it is used with is masculine or feminine, singular or plural.

masculine singular	feminine singular	masculine and feminine plural
son	**sa**	**ses**

  son frère **sa** sœur **ses** parents
  his brother, *his sister,* *his parents,*
  her brother *her sister* *her parents*

  Ma copine s'appelle Anne. Ses parents sont très stricts.
  My (girl) friend is called Anne. Her parents are very strict.

  J'ai un frère. Son chien s'appelle Ajax.
  I have a brother. His dog is called Ajax.

Grammaire

A3 Adjectives

A3.1 Masculine/feminine, singular/plural adjectives

- Adjectives are words that describe nouns. The basic rules in French are:
  - add an **-e** to the adjective if the noun it describes is feminine singular
  - add an **-s** to the adjective if the noun it describes is masculine plural
  - add **-es** to the adjective if the noun it describes is feminine plural

	masculine	feminine
singular	mon petit frère	ma petit**e** sœurs
plural	mes petit**s** frères	mes petit**es** sœurs

- Adjectives that end in -e anyway don't take a second -e in the feminine:

    (masc. sing.) un salon **rouge** *a red living-room*
    (fem. sing.)   une cuisine **rouge** *a red kitchen*

- But adjectives that end in -é <u>do</u> take a second -e in the feminine:

    (masc. sing.) mon film **préféré** *my favourite film*
    (fem. sing.)   ma chanson **préférée** *my favourite song*

- Some special cases:
  - the feminine form of **blanc** is **blanche**:
    Nous avons une table blanche.
    We have a white table.

  - the feminine form of **sympa** is **sympa**:
    Ma grand-mère est sympa. *My grandma is nice.*

  - the masculine plural of **tropical** is **tropicaux**:
    J'ai des poissons tropicaux. *I have some tropical fish.*

- Where an adjective describes a group including masculine and feminine, use the masculine form of the adjective:
    Les élèves sont **bruyants**.
    The pupils (boys <u>and</u> girls) are noisy.

A3.2 The position of adjectives: in front of, or after, the noun

- **petit** (*small*) and **grand** (*big*) are used in front of the noun, as in English:
    un **petit** village *a small village*
    une **grande** ville *a big town*

- Other adjectives <u>follow</u> the noun they describe:
    un canapé **confortable** *a comfortable sofa*
    une lampe **verte** *a green lamp*

A3.3 No capitals for adjectives of nationality

- Adjectives of nationality begin with small letters:
    Thomas est **anglais**. *Thomas is English.*
    Sarah est **écossaise**. *Sarah is Scottish.*

B Verbs

B1 The present tense of regular verbs

- French verbs take different endings according to *who is doing the action*. The regular pattern is:

verb: regarder *to watch*

je	-e	je regard**e**	*I watch, I'm watching*
tu	-es	tu* regard**es**	*you watch, you're watching*
il	-e	il regard**e**	*he watches, he's watching*
elle		elle regard**e**	*she watches, she's watching*
nous	-ons	nous regard**ons**	*we watch, we're watching*
vous	-ez	vous* regard**ez**	*you watch, you're watching*
ils	-ent	ils regard**ent**	*they (boys) watch, they're watching*
elles		elles regard**ent**	*they (girls) watch, they're watching*

* For **tu/vous** (*you*) see Section C1.2 (page 130).

Other verbs that follow this pattern include:

j'adore *I love*	j'écoute *I listen (to)*
j'aime *I like*	j'habite *I live*
j'arrive *I arrive*	j'invite *I invite*
je joue *I play*	je loue *I hire*
je commence *I begin*	je rentre *I return*
je déjeune *I have lunch*	je surfe *I surf*
je déteste *I hate*	je travaille *I work*
je dîne *I have my evening meal*	

Tu aimes le tennis? – Oui, j'aime le tennis
Do you like tennis? – Yes, I like tennis.

Vous habitez à Paris? – Non, nous habitons à Boulogne.
Do you live in Paris? – No, we live in Boulogne.

- When using a name or other nouns instead of *il/elle*; *ils/elles*:
  - one person (e.g. Thomas, ma sœur, etc.): use the same form of the verb as *il/elle*:
    Thomas déteste les maths. *Thomas hates maths.*

  - two or more people (e.g. Amir et Léa, mes parents, etc.): use the same form of the verb as *ils/elles*:
    Mes parents surfent sur Internet.
    My parents surf the Internet.

B2 Reflexive verbs

● Reflexive verbs have an extra part between the pronoun and the verb:

je **me** lève *I get up*   je **m**'appelle *I am called*
tu **te** lèves *you get up*   tu **t**'appelles *you are called*

B3 The present tense of irregular verbs

● The following verbs don't follow the verb pattern in B1.

B3.1 avoir to have

j'	**ai**	*I have*	nous	**avons**	*we have*
tu	**as**	*you have*	vous	**avez**	*you have*
il	**a**	*he has*	ils	**ont**	*they have*
elle	**a**	*she has*	elles	**ont**	*they have*

Tu as un animal? Oui, j'ai un hamster.
Do you have an animal? Yes, I have a hamster.

● In French, you use the verb 'to have' to say how old people are:

j'**ai** 11 ans *(I have 11 years =) I'm 11 years old*
Luc **a** 12 ans *(Luc has 12 years =) Luc is 12 years old*

B3.2 être to be

je	**suis**	*I am*	nous	**sommes**	*we are*
tu	**es**	*you are*	vous	**êtes**	*you are*
il	**est**	*he is*	ils	**sont**	*they are*
elle	**est**	*she is*	elles	**sont**	*they are*

Je suis française. *I am French.*
Nous sommes bruyants en maths. *We're noisy in maths.*

● For saying 'how old you are', see the verb **avoir** (to have) in B3.1 above.

B3.3 aller to go

je	**vais**	*I go, I'm going*	nous	**allons**	*we go, we're going*
tu	**vas**	*you go, you're going*	vous	**allez**	*you go, you're going*
il	**va**	*he goes, he's going*	ils	**vont**	*they go, they're going*
elle	**va**	*she goes, she's going*	elles	**vont**	*they go, they're going*

Je vais en France en juin. *I'm going to France in June.*
Le week-end, mon frère va à la bibliothèque.
At the weekend, my brother goes to the library.

● This verb is often followed by **à**, **au**, **à la** (see Section C4.1, page 131)

B3.4 faire to do

je	**fais**	*I do, I'm doing*	nous	**faisons**	*we do, we're doing*
tu	**fais**	*you do, you're doing*	vous	**faites**	*you do, you're doing*
il	**fait**	*he does, he's doing*	ils	**font**	*they do, they're doing*
elle	**fait**	*she does, she's doing*	elles	**font**	*they do, they're doing*

● This verb has a range of meanings, depending on the nouns it is used with.

Je fais de la natation. *I go swimming.*
Mes copains font du judo. *My friends do judo.*

B3.5 finir to finish

je	**finis**	*I finish, I'm finishing*	nous	**finissons**	*we finish, we're finishing*
tu	**finis**	*you finish, you're finishing*	vous	**finissez**	*you finish, you're finishing*
il	**finit**	*he finishes, he's finishing*	ils	**finissent**	*they finish, they're finishing*
elle	**finit**	*she finishes, she's finishing*	elles	**finissent**	*they finish, they're finishing*

Tu finis à quelle heure?
What time do you finish?

B4 The past tense

j'ai joué *I played*	Samedi, j'ai joué au rugby. *On Saturday I played rugby.*
j'ai fait *I did*	Lundi dernier, j'ai fait du vélo. *Last Monday I did some cycling.*
je suis allé *I went* (boys)	Mardi, je suis allé à un concert. *On Tuesday I went to a concert.*
je suis allée *I went* (girls)	Mardi, je suis allée à un concert. *On Tuesday I went to a concert.*

B5 Giving instructions (the imperative)

● Use the *vous* endings of the verb, but leave the *vous* out:
(vous cliquez *you click*) **Cliquez** sur Word. *Click on Word.*
(vous fermez *you close*) **Fermez** le dossier. *Close the file.*

Grammaire

B6 The infinitive

- The infinitive is the 'name' of the verb – the form you find in a dictionary. Unlike the forms used after *je*, *il*, etc. (*je fais*, *il fait*, etc.), the infinitive never changes:

    aller to go
    faire to do (shopping), go on (a trip), etc.

- Use the infinitive if a verb follows *j'aime* (I like) or *je dois* (I have to):

    J'aime **aller** en ville.
    I like to go into town/I like going into town.
    Je dois **faire** la vaisselle. *I have to do the washing up.*

- Use the infinitive to say what you are <u>going to</u> do (in the near future):

    Je vais **rester** chez moi. *I'm going to stay at home.*
    Je vais **aller** en France. *I'm going to go to France.*

C Other parts of a French sentence

C1 Pronouns

C1.1 *je* I

- **je** and **j'** both mean 'I'. Use **j'** if the word that follows begins with *h* or a vowel:

    Je regarde la télé. *I watch TV.*
    J'ai une souris. *I have a mouse.*
    J'habite à Leicester. *I live in Leicester.*

C1.2 *tu, vous*: two words for 'you'

- Use **tu** when you're talking to someone (one person) of your own age or someone in the family.
- Use **vous** when you're talking to an adult (one person) not in your family, e.g. your teacher.
- Use **vous** also when talking to more than one person – whatever their age, and whether you know them well or not.

    Tu as un bic, s'il te plaît, Marie?
    Do you have a biro, please, Marie?
    Vous avez un livre, s'il vous plaît, Madame?
    Do you have a book, please, Miss?
    Vous déjeunez à quelle heure, Karen et Michael?
    What time do you have lunch, Karen and Michael?

C1.3 *moi, toi* me, you *(after prepositions)*

- avec **moi** *with me*   avec **toi** *with you*
  chez **moi** *at my house*   chez **toi** *at your house*

C1.4 *il, elle* he, she

- **il** means 'he'; **elle** means 'she'
    Matthieu habite à Lyon. **Il** a 11 ans.
    Matthieu lives in Lyon. He's 11 years old.
    J'ai une sœur. **Elle** s'appelle Emma.
    I have a sister. She's called Emma.

C1.5 *nous, on* we

- **nous** means *we*:
    Nous déjeunons à midi. *We have lunch at midday.*

- **on** can also mean *we*, as in the phrase:
    On se retrouve à quelle heure?
    What time shall we meet?

C1.6 *ils, elles* they

- There are two words for 'they':
    ils – *they* (all male, or mixed group of males/females)
    elles – *they* (female)

    Tes parents aiment la musique? Oui, **ils** aiment beaucoup la musique.
    Do your parents like music? Yes, they like music a lot.

C2 Negative sentences

- The basic rule is: to make a sentence negative, put **ne** before the verb and **pas** after it:

    Je joue au football.   Je **ne** joue **pas** au football.
    I play football.   *I don't play football.*

- Shorten **ne** to **n'** if the word that follows begins with 'h' or a vowel.

- The negative of **j'ai un/une...** *I have a...* is **je n'ai pas de...** *I don't have (any...)*:
    Je n'ai pas d'animal. *I don't have an animal.*

- The negative of **il y a un/une...** *there is a...* is **il n'y a pas de...** *there isn't a...*:
    il n'y a pas de centre sportif *there isn't a sports centre*
    il n'y a pas de cafés *there aren't any cafés*

C3 Questions

- You can turn statements into questions by putting a question mark at the end and making your voice go higher at the end of the sentence:
    Tu joues au tennis. *You play tennis.*
    Tu joues au tennis? *Do you play tennis?*

- Or you can form questions by putting **est-ce que** at the start of the sentence:
    Tu joues au tennis *You play tennis.*
    Est-ce que tu joues au tennis? *Do you play tennis?*

- Many questions contain special question words:

combien *how much*	C'est combien? *How much is it?*	
comment *how*	Ça s'écrit comment? *How do you spell it?*	
comment *what*	Comment t'appelles-tu? *What are you called?*	
où *where*	Où habites-tu? *Where do you live?*	
pourquoi *why*	J'aime l'histoire. Pourquoi? Parce que c'est facile. *I like history. Why? Because it's easy.*	
quand *when*	C'est quand, ton anniversaire? *When's your birthday?*	
quel (m) *which, what*	Une glace? Oui. Quel parfum? *An ice cream? Yes. Which flavour?* Tu as quel âge? *(What age have you? =) How old are you?*	
quelle (f) *which, what*	C'est quelle photo? *Which photo is it?* À quelle heure? *At what time?*	
qu'est-ce que *what*	Qu'est-ce que tu aimes? *What do you like?*	
qui *who*	Tu joues au tennis avec qui? *Who do you play tennis with?*	
quoi *what*	Ta couleur préférée, c'est quoi? *What's your favourite colour?*	

C4 Prepositions

C4.1 à: au, à la

- à can mean:

    in J'habite **à** Paris. *I live in Paris.*

    at J'arrive **à** une heure. *I arrive at one o'clock.*

    to Je vais **à** Londres. *I'm going to London.*

- But use **en** with most countries:

    Je vais **en** France. *I'm going to France.*

- Some special expressions:
    - **à** pied *on foot*, **à** vélo *by bike*
    - une glace **à** trois boules *an ice cream with three scoops*
    - j'aime aller **à** la pêche *I like going fishing*

- **à** + **le** <u>always</u> combine to form the one word **au**; **à** + **la** is fine.

with masculine nouns **au**	with feminine nouns **à la**
je vais **au** collège *I go to school*	tu vas **à la** mer? *do you go to the seaside?*

- **au** is also used
    - with flavours and fillings:
        un sandwich **au** jambon *a ham sandwich*
    - with sports:
        Je joue **au** basket. *I play basketball.*

C4.2 de: du, de la

- **de** can mean 'of'. Shorten **de** to **d'** before *h* or a vowel.
    la chambre **de** ma sœur
    (the room of my sister =) my sister's room
    le prof **d'**histoire
    (the teacher of history =) the history teacher

- **de** is sometimes part of an expression with different meanings:

près de *near*	J'habite **près de** Calais. *I live near Calais.*	
beaucoup de *lots of*	J'ai **beaucoup de** CD. *I have lots of CDs.*	
de... à... *from... to...*	**de** 10h00 **à** 18h00 *from 10 am to 6 pm*	

- With musical instruments, **de** + **le** <u>always</u> combine to form the one word **du**; **de** + **la** is fine.

with masculine nouns **du**	with feminine nouns **de la**
je joue du piano *I play the piano*	je joue de la guitare *I play the guitar*

- With activities and the verb *faire*, the form of **de** depends on whether the noun is masculine or feminine, singular or plural.

with masculine singular nouns **du**	with feminine singular nouns **de la**	with plural nouns **des**
je fais **du** vélo *I go cycling*	je fais **de la** marche *I go walking*	je fais **des** excursions *I go on trips*

C4.3 More prepositions

at à + time	J'arrive au collège à 8h40. *I arrive at school at 8.40 am.*	
le + weekend	Je fais mes devoirs le week-end. *I do my homework at the weekend.*	
chez (at the house of)	On se rencontre chez moi? *Shall we meet at my house?*	
by à + bike	Je vais au collège à vélo. *I go to school by bike.*	
en + others	Tu vas au collège en bus ou en auto? *Do you go to school by bus or by car?*	

Grammaire

during	**pendant**	Je reste à la maison pendant les vacances. *I'm staying at home during the holidays.*
for	**pour**	C'est super pour les jeunes. *It's great for young people.*
in	**à** + named town	J'habite à Birmingham. *I live in Birmingham.*
	dans + club	Je joue dans l'orchestre. *I play in the orchestra.*
	en + country	J'habite en Grande-Bretagne. *I live in Great Britain.*
	en + lesson, class	Nous sommes sages en anglais. *We behave well in English.* Je suis en 6ᵉᵐᵉB. *I'm in (class) 6B.*
	en + month	en août *in August*
in front of	**devant**	On se rencontre devant le cinéma? *Shall we meet in front of the cinema?*
on	**sur**	Je surfe sur Internet. *I surf (on) the Internet.*
	à + **pied**	Je vais au collège à pied. *I go to school on foot.*
to	**à** + named town	Je vais à Nice. *I'm going to Nice.*
	en + ville	Le week-end, je vais en ville. *At the weekend, I go into town.*
	en + country	En juillet, je vais en Espagne. *In July I'm going to Spain.*
with	**avec**	Je joue au football avec mes copains. *I play football with my friends.*

C5 *il y a* there is, there are

- **Il y a** means *there is* or *there are*:
  - **il y a** un cinéma   *there is a cinema*
  - **il y a** beaucoup de cinémas   *there are lots of cinemas*

- The negative form is **il n'y a pas de**:
  - **il n'y a pas de magasins**   *there aren't any shops*

C6 Linking sentences

- Use the following words to link shorter sentences and make longer ones:

et *and*	Je suis anglaise et j'habite à Londres. *I'm English and I live in London.*
et puis *and then*	Nous dînons et puis nous regardons une vidéo. *We have our evening meal and then we watch a video.*
mais *but*	J'aime le jambon, mais je déteste le fromage. *I like ham but I hate cheese.*
ou *or*	Je vais à la piscine ou je vais au parc. *I go to the swimming pool or I go to the park.*
parce que *because*	J'aime la géographie, parce que c'est intéressant. *I like geography because it's interesting.*

C7 Word order

- As a general principle, descriptions usually <u>follow</u> the noun in French, while they often come <u>in front of</u> the noun in English.

- Adjectives usually follow the noun they describe:
  - une classe **bruyante**   *a noisy class*

- **grand** and **petit** are exceptions:
  - une **petite** maison   *a small house*

- Expressions with **de/d'**:
  - la prof de maths   *the maths teacher*
  - un jus d'orange   *an orange juice*
  - le club de théâtre   *drama club*
  - la chambre de mes parents   *my parents' room*

- Expressions with **au/à la**:
  - un sandwich au fromage   *a cheese sandwich*

D Numbers, time, frequency

D1 Numbers

1 un	6 six	11 onze	16 seize	21 vingt et un
2 deux	7 sept	12 douze	17 dix-sept	22 vingt-deux
3 trois	8 huit	13 treize	18 dix-huit	23 vingt-trois
4 quatre	9 neuf	14 quatorze	19 dix-neuf	24 vingt-quatre
5 cinq	10 dix	15 quinze	20 vingt	25 vingt-cinq

20 vingt	22 vingt-deux	25 vingt-cinq
30 trente	32 trente-deux	35 trente-cinq
40 quarante	42 quarante-deux	45 quarante-cinq
50 cinquante	52 cinquante-deux	55 cinquante-cinq
60 soixante	62 soixante-deux	65 soixante-cinq
70 soixante-dix	72 soixante-douze	75 soixante-quinze
80 quatre-vingts	82 quatre-vingt-deux	85 quatre-vingt-cinq
90 quatre-vingt-dix	92 quatre-vingt-douze	95 quatre-vingt-quinze
100 cent	102 cent deux	105 cent cinq
1000 mille		

● Note:

21 vingt **et** un	51 cinquante **et** un	81 quatre-vingt-un
31 trente **et** un	61 soixante **et** un	91 quatre-vingt-onze
41 quarante **et** un	71 soixante **et** onze	

● *quatre-vingts* on its own has an *s* on the end. Linked with other numbers, it hasn't: *quatre-vingt-un*, *quatre-vingt-deux*, etc.

D2 Time

● Write the 24-hour clock with **heures** separating the minutes from the hours:

il est dix heures quinze *it's ten-fifteen*

à treize heures quarante *at thirteen-forty*

à une heure vingt *at one-twenty*

● The abbreviation is written 10h15, 13h40, etc.

● The 12-hour clock is written as follows:

il est deux heures cinq *it's five past two*

il est deux heures dix *it's ten past two*

il est deux heures et quart *it's a quarter past two*

il est deux heures vingt *it's twenty past two*

il est deux heures vingt-cinq *it's twenty-five past two*

il est deux heures et demie *it's half-past two*

il est trois heures moins vingt-cinq *it's twenty-five to three*

il est trois heures moins vingt *it's twenty to three*

il est trois heures moins le quart *it's a quarter to three*

il est trois heures moins dix *it's ten to three*

il est trois heures moins cinq *it's five to three*

il est trois heures *it's three o'clock*

● Note: il est midi *it's midday* il est minuit *it's midnight*

D3 Days and dates

● Use the usual numbers in dates (and there is no word for 'of'):

Mon anniversaire, c'est le treize avril.

My birthday is on the thirteenth of April.

● The only exception is the first of the month, when you use **le premier**:

le premier mai *the first of May*

● Days and months don't have capitals in French.

D4 When and how often

● There is no word for 'in' the evening, 'on' Saturday, 'at' the weekend:

le soir	Le soir, je regarde la télé.
in the evening	*In the evening I watch TV.*
le week-end	Je vais en ville le week-end.
at the weekend	*I go into town at the weekend.*
le samedi après-midi	*on Saturday afternoons*

● Use the following words to say how often you do an activity:

parfois	*sometimes*	Je vais parfois au parc.
		I sometimes go to the park.
souvent	*often*	Nous allons souvent à la mer.
		We often go to the seaside.
toujours	*always*	Je déjeune toujours à midi.
		I always have lunch at midday.

Glossaire français–anglais

Stratégies! *Using the glossary*

Words are in alphabetical order. To find a word, look up its first letter, then find it according the alphabetical order of its 2nd and 3rd letters:

e.g. **ferme** comes before **fraise** because **fe-** comes before **fr-**.

A

a *has* il a 12 ans *he's 12 years old*
à 1 *in* à Paris *in Paris*
  2 *at* à quatre km du centre *4 km from the centre*
  3 *at + time* à 18h30 *at 6.30 pm*
  4 *on* à la page 5 *on page 5*
  5 à la télé *on TV*
  6 à bientôt! *hear from you soon!*
  7 à vélo *by bike*
  8 de 10h à 18h *from 10 am to 6 pm*
l' **abbaye f** *abbey*
l' **abricot m** *apricot*
accompagnés des parents *accompanied by parents*
l' **acteur m** *actor*
l' **activité f** *activity*
l' **actrice f** *actress*
adapter *to adapt*
l' **addition f** 1 *addition* 2 *bill (e.g. in café)*
l' **ado m** or **f** *teenager*
adorer *to love, adore* j'adore *I love*
l' **adulte m** or **f** *adult*
africain m, **africaine f** *African* d'origine africaine *of African origin*
l' **Afrique f** *Africa*
l' **âge m** *age* quel âge as-tu? *how old are you?* il a quel âge? *how old is he?*
ai *have* j'ai *I have* je n'ai pas de… *I don't have a…*
l' **aiguille f** *hand (of the clock)*
aimer *to like, love* j'aime *I like* je n'aime pas beaucoup… *I don't like… much*
ajouter *to add*
l' **alcool m** *alcohol*
l' **Algérie f** *Algeria* **algérien m**, **algérienne f** *Algerian*
allé: je suis allé(e) *I went* tu es allé(e)? *did you go?*
l' **Allemagne f** *Germany*
aller *to go*
allez, allons *go, are going* allez, les Bleus! *come on, the Blues!*
l' **alouette f** *lark (bird)*
les **Alpes fpl** *the Alps*
l' **amateur de sports m** or **f** *sports enthusiast*
américain m, **américaine f** *American*
l' **Amérique f** *America*
amusant *fun, amusing*
l' **an m** *year* le jour de l'an *New Year's Day* j'ai 11 ans *I'm 11 years old*

anglais m, **anglaise f** *English*
l' **animal m** *animal* les animaux *animals*
l' **année f** *year* bonne année! *happy New Year!*
l' **anniversaire m** *birthday* c'est quand, ton anniversaire? *when's your birthday?*
l' **annonce f** *notice*
annuelle f *annual*
août *August* en août *in August*
l' **appareil m** *appliance*
l' **appartement m** *flat, appartment*
appeler *to call* comment t'appelles-tu? *what's your name?* qui s'appelle… *who is called…*
après *after, afterwards*
l' **après-midi m** *afternoon* le mardi après-midi *on Tuesday afternoons*
l' **arrivée f** *arrival*
arriver *to arrive*
l' **artiste m** or **f** *artist*
as *have* tu as un frère? *do you have a brother?* tu as quel âge? *how old are you?*
l' **Asie f** *Asia*
assez *quite* assez bien *quite good* assez facile *quite easy*
l' **Atlantique f** *Atlantic Ocean*
attention! *be careful! watch out!* attention à… *watch out for…*
l' **attraction f** *attraction*
au *to the, at the* du 01/10 au 30/04 *from 1st Oct to 30th April* au revoir *goodbye*
aussi *also, too*
l' **Australie f** *Australia*
l' **auteur m** *writer, author*
l' **auto f** *car* en auto *by car*
automatique *automatic*
l' **autoradio f** *car radio*
autre *other* note d'autres détails *note other details too* l'autre *the other one*
l' **autruche f** *ostrich*
aux *to the* réponds aux questions *answer the questions*
avance: une heure d'avance *one hour ahead*
avant *before, beforehand* avant 7h00 *before 7am*

avec *with* avec qui? *with whom?*
l' **aventure f** *adventure*
avez, avons *have*
avoir *to have*
avril *April*

B

le **baby-foot m** *table football*
le **badminton m** *badminton* je joue au badminton *I play badminton*
le **balcon m** *balcony*
le **ballon m** *ball*
la **banque f** *bank*
le **barbecue m** *barbecue*
barrer *to cross out*
bas m, **basse f** *low* plus bas *lower*
le **basket m** *basketball* je joue au basket *I play basketball*
le/la **bassiste m** or **f** *bass guitarist*
le **bateau-mouche m** *tourist boat on the river in Paris*
la **batterie f** *drums*
le **batteur m** *drummer*
beaucoup (de) *lots of, many* j'aime beaucoup… *I like … a lot*
le **beau-père m** *stepfather*
belge *Belgian*
la **Belgique f** *Belgium*
belle f *beautiful*
la **belle-mère f** *stepmother*
bête *stupid*
la **bibliothèque f** *library*
le **bic m** *biro*
bien 1 *well* 2 *good, fine, OK* très bien *very good* ça va bien *I'm fine*
bientôt *soon* à bientôt! *hear from you soon!*
la **bière f** *beer*
bilingue *bilingual*
blanc m, **blanche f** *white*
bleu m, **bleue f** *blue*
le **bœuf m** *beef*
bof! *expression meaning 'so-so'*
bon m, **bonne f** *good, right, OK* dans le bon ordre *in the right order*
bonjour *hello*
bonne année! *happy New Year!* bonnes vacances! *have a good holiday!*
bord: à bord *on board*
la **boule f** 1 *(ice cream) scoop* 2 *ball* jouer au boules *to play boules (= French bowls)*
la **boutique f** *small shop, boutique*

le bowling *m* bowling centre, alley

le Brésil *m* Brazil

la Bretagne *f* Brittany

le breton *m* breton (a language similar to Welsh, spoken in parts of Brittany)

britannique *British*

brun *m*, brune *f* brown

bruyant *m*, bruyante *f* loud

la buanderie *f* utility room

la bûche de Noël *f* (French) Christmas log-cake

le bureau *m* office

le bus *m* bus
    en bus *by bus*

C

ça *that*
    ça dépend *it depends*
    ça fait *that comes to (price)*
    ça s'écrit comment? *how do you spell it?*
    ça va *I'm OK*

le cadeau *m* present

le café *m* 1 café
    2 coffee au café *in a café*

le cahier *m* exercise book

la campagne *f* countryside

le camping *m* camp site
    faire du camping *go camping*

le canapé *m* sofa

le canard *m* duck

le canari *m* canary

la cantine *f* canteen

la capacité *f* capacity

le car *m* coach

le caramel *m* caramel, toffee

la carte *f* 1 map
    2 card je joue aux cartes *I play cards*

la case *f* box in grid or table, tick box

le cassis *m* blackcurrant

ce: mes matières préférées, ce sont les maths et les sciences *my favourite subjects are maths and science*

cent *hundred*
    pour cent *per cent*

le centime *m* cent (100 cents = 1 euro)

le centre *m* centre
    au centre *in the centre*
    le centre sportif *sports centre*

le cercle *m* circle

c'est *it's*
    mon film préféré, c'est… my favourite film is…
    c'est qui? *who is it?*
    c'est quelle photo? *which photo is it?*
    c'est combien? *how much is it?*
    c'est quoi en français, 'gold'? *what's 'gold' in French?*

la chaîne *f* TV programme
    la chaîne hi-fi *stereo system*

la chambre *f* room, bedroom
    la chambre de ma sœur *my sister's room*

le changement *m* change

changer *to change*
    change! *change!*
    je te change en… *I'll change you into…*

la chanson *f* song

chanter *to sing*
    chantez! *sing!*
    elle a chanté *she sang*

le chanteur *m* male singer

la chanteuse *f* female singer

chaque *each*

le chat *m* cat

le château *m* castle

la chaussure *f* shoe

le chemin *m* path
    chemin de mots *word path*

cher *m*, chère *f* dear

cherche: je cherche *I'm looking for*

le cheval *m* horse
    faire du cheval *to go horse-riding*

chez *at the house of*
    chez moi ou chez toi? *at my house or at your house?*

le chien *m* dog

la chimie *f* chemistry

le chocolat *m* chocolate

choisir *to choose*
    choisis! *choose!*

la chorale *f* choir

chronologique: ordre chronologique *chronological order*

le cidre *m* cider

le cinéma *m* cinema

cinq *five*

cinquante *fifty*

le citron *m* lemon

la clarinette *f* clarinet

la classe *f* class, form

classique *classic*

le clavier *m* keyboard

le client *m*, la cliente *f* customer

cliquer (sur) *to click (on)*

le club *m* club
    le club des jeunes *youth club*

le coca *m* coke

cocher *to tick*

le cochon d'Inde *m* guinea pig

le cognac *m* cognac (French brandy)

le collège *m* school
    au collège *at school*

colorier *to colour in*

combien (de) *how many*
    c'est combien *how much is it?*

la combinaison *f* combination

la comédie *f* comedy

la commande *f* order

comme *like*
    è comme zèbre *è as in zèbre*

commencer *to start*

comment *how*
    comment t'appelles-tu? *what's your name?*
    les profs sont comment? *what are the teachers like?*
    ça s'écrit comment? *how do you spell it?*

comparer *to compare*

complet *m*, complète *f* complete

compléter *to complete*
    complète! *complete!*

le concert *m* concert
    le concert de rock *rock concert*

confortable *comfortable*

la console *f* de jeux *game console*

contraire *opposite*

le copain *m* (male) friend

la copine *f* (female) friend

la corde *f* string

correct *m*, correcte *f* correct, right

correctement *correctly*

le/la corres *m* or *f* pen friend

le correspondant *m* (male) pen friend

la correspondante *f* (female) pen friend

correspondre à *to match*

corriger *to correct*

la Côte d'Azur *f* French Riviera

la côte *f* coast

la couleur *f* colour

courant *common*

le cours *m* lesson
    nous n'avons pas de cours *we don't have any lessons*

la course *f* race
    la course à pied *walking race*

le cousin *m*, la cousine *f* cousin

le crayon *m* pencil

le crème *m*: un grand crème *white coffee*

la crêpe *f* pancake

crier *to shout*

le crocodile *m* crocodile

le croque-monsieur *m* ham and melted cheese on toast

la cuisine *f* kitchen

cultiver *to cultivate*

le cyclisme *m* cycling

la cymbale *f* cymbal

D

d'accord *OK*

dangereux *dangerous*

dans *in*
    dans le bon ordre *in the right order*

la danse *f* dance, dancing
    je fais de la danse *I go dancing*

la danseuse *f* female dancer

la date *f* date

la datte *f* date (fruit)

de 1 of
    la prof de maths *the maths teacher*
    2 from
    de 10h à 18h *from 10 am to 6 pm*
    une lettre de Sean *a letter from Sean*
    3 de la *some*

décembre *December*

décrire *to describe*
    décris! *describe!*

déjeuner *to have lunch*

le déjeuner *m* lunch

délicieux *delicious*

demander (à ton prof) *to ask (your teacher)*

la demie *f* half
    il est six heures et demie *it's half-past six*

le demi-frère *m* half-brother, stepbrother

la demi-sœur *f* half-sister, stepsister

le départ *m* departure

dépend: ça dépend *it depends*

dépose… dans les chaussures *puts… in the shoes*

dernier *last*
    le week-end dernier *last weekend*

Glossaire français–anglais

des *some*
tu as des frères et sœurs? *do you have any brothers and sisters?*
la **descente** *f descent*
désirez: vous désirez? *what would you like?*
le **dessin** *m art*
dessiner *to draw*
détester *to hate*
deux *two*
à deux *the two of them together*
devant *in front of*
deviner *to guess*
devine! *guess!*
la **devinette** *f guessing game*
les **devoirs** *mpl homework*
d'habitude *usually*
le **dialogue** *m dialogue, conversation*
la **dictée** *f dictation*
le **dictionnaire** *m dictionary*
différent *m*, **différente** *f different*
un ordre différent *a different order*
difficile *difficult*
dimanche *Sunday*
la **dinde** *f turkey*
dîner *to have one's evening meal*
le **dîner** *m dinner, evening meal*
dire *to say*
dis! *say!*
on dit…? *do they say…?*
la **discographie** *f discography*
dit Romain *Romain says*
dix *ten*
dix-sept *seventeen*
dois: je dois *I must*
donner *to give*
le **dossier** *m file*
un dossier personnel *a personal file*
douze *twelve*
le **drapeau** *m flag*
dresser: dresser la tente *put the tent up*
du *some*
du 02/05 au 30/09 *from 2nd May to 30th Sept*

E

l' **eau gazeuse** *f sparkling water*
échanger *to exchange*
écossais *m*, **écossaise** *f Scottish*
écouter *to listen (to)*
écoute! *listen!*
j'écoute de la musique *I listen to music*
écrire *to write*
écris! *write!*
ça s'écrit comment? *how do you spell it?*
écris-moi bientôt *write to me soon*
l' **éducation physique** *f PE*
l' **église** *f church*
l' **électricité** *f electricity*
électrique *electric*
l' **éléphant** *m elephant*
elle *she*
elles *they (females)*
l' **emploi du temps** *m timetable*
l' **employé** *m*, **l'employée** *f employee*

en *in*
en anglais *in English*
en août *in August*
en famille *as a family*
en vacances *on holiday*
en bas *downstairs*
l' **enfant** *m or f child*
je suis enfant unique *I'm an only child*
ennuyeux *m*, **ennuyeuse** *f boring*
énorme *enormous*
entourer *to circle*
entre *between*
l' **entrée** *f 1 entrance*
2 admission fee
l' **éponge** *f sponge*
équipé de *equipped with*
l' **équipe** *f team*
l' **erreur** *f error, mistake*
es: tu es *you are*
tu es anglais(e)? *are you English?*
l' **Espagne** *f Spain*
espagnol *Spanish*
est *is*
c'est *it's*
est-ce que *expression to begin a question*
est-ce qu'il y a…? *is there…?*
et *and*
et toi? *what about you?*
était *was*
les **États-Unis** *mpl USA*
êtes: vous êtes *you are*
être *to be*
l' **euro** *m euro (currency in France)*
exactement *exactly*
l' **exemple** *m example*
par exemple *for example*
expliquer *to explain*
extérieur: à l'extérieur *outside*

F

facile *easy*
faire *to do, to make*
je fais du vélo *I go cycling*
j'ai fait de la natation *I went swimming*
fais *do, make* fais quatre listes *make four lists*
fait *1 does*
2 j'ai fait du shopping I went shopping
3 ça fait that comes to (price)
la **famille** *f family*
fantastique *fantastic*
le **fauteuil** *m armchair*
faux *m*, **fausse** *f false, wrong*
vrai ou faux? *true or false?*
favori *favourite*
fermé *closed*
la **ferme** *f farm*
fermer *to close*
la **fête** *f celebration, festival*
la fête nationale *national holiday*
la **feuille de papier** *f sheet of paper*
février *February*
la **figue** *f fig*
la **fille** *f girl*

la **fin** *f end*
finir *to finish*
(ils/elles) finissent *(they) finish*
le **flipper** *m flipper (bar game)*
la **flûte** *f flute*
la flûte à bec *recorder (flute)*
la **fontaine** *f fountain*
le **football** *m football*
je joue au football *I play football*
la **forme** *f form*
en bonne forme *in good health*
en mauvaise forme *in bad health*
le **formulaire** *m form*
Formule 1 *Formula 1*
la **forteresse** *f fortress*
la **fraise** *f strawberry*
la **framboise** *f raspberry*
le **franc** *m franc (former French currency)*
français *m*, **française** *f French*
la **France** *f France*
franco-canadienne *French-speaking Canadian*
le **frère** *m brother*
le **frigo** *m fridge*
les **frites** *fpl chips*
le **fromage** *m cheese*
fumer *to smoke*
la **fusée** *f rocket*

G

gagner *to win*
la **galerie** *f d'art art gallery*
gallois *m*, **galloise** *f Welsh*
le **garage** *m garage*
le **garçon** *m boy*
la **gare** *f station*
le **gâteau** *m cake*
le gâteau de Noël *Christmas cake*
le **gaz** *m gas*
génial *great*
gentil *m*, **gentille** *f nice, friendly*
la **géographie** *f geography*
la **gerbille** *f gerbil*
la **glace** *f ice cream*
le hockey sur glace *ice hockey*
le **glaçon** *m ice cube*
le **glossaire** *m glossary*
la **gomme** *f rubber, eraser*
grand *m*, **grande** *f big*
les grandes vacances *the summer holidays*
un grand crème *white coffee*
la **Grande-Bretagne** *f Great Britain*
la **grand-mère** *f grandmother*
le **grand-père** *m grandfather*
les **grands-parents** *mpl grandparents*
la **Grèce** *f Greece*
la **grille** *f table, grid*
le **groupe** *m group*
en groupes *in groups*
guidée: une visite guidée *guided visit*
la **guitare** *f guitar*
la guitare basse *f bass guitar*
le/la **guitariste** *m or f guitarist*
le **gymnase** *m gymnasium*
la **gymnastique** *f gymnastics*

Glossaire français–anglais

H

l' habitant *m* *inhabitant*
habiter *to live*
    j'habite à Londres *I live in London*
haut *high*
    plus haut *higher*
l' **heure** *f* 1 *hour*: à huit heures *at 8 o'clock*
    une heure d'avance *one hour ahead*
    2 *time*: à quelle heure? *at what time?*
    les heures *the times*
la **hi-fi** *f* *stereo system*
l' **histoire** *f* 1 *history*
    2 *story*
historique *historical*
l' hiver *m* *winter*
    le vent d'hiver *the winter wind*
hollandais *m*, **hollandaise** *f* *Dutch*
la **Hongrie** *f* *Hungary*
huit *eight*
l' **huître** *f* *oyster*
hygiénique *hygienic*
    le papier hygiénique *toilet paper*

I

ici *here*
idéal *ideal*
identifier *to identify, pick out*
l' **identité** *f* *identity*
il 1 *he*
    2 *it*
    3 il y a *there is, there are*
l' **île** *f* *island*
ils *they (males)*
l' **image** *f* *picture, image*
imaginer *to imagine*
imprimer *to print*
l' Inde *m* *India*
indiquer *point to*
l' **industrie** *f* *industry*
    l'industrie aérospatiale *aircraft industry*
influencer *to influence*
l' informatique *m* *information technology*
    le club d'informatique *computer club*
l' ingénieur *m* *engineer*
l' **injustice** *f* *injustice*
l' **instrument** *m* *instrument*
    l'instrument de musique *musical instrument*
insubmersible *unsinkable*
intéressant *m*, **intéressante** *f* *interesting*
l' intérieur *m*
    à l'intérieur *inside*
interviewer *to interview*
l' **introduction (à)** *f* *introduction (to)*
l' intrus *m* *odd-one-out*
    trouve l'intrus *find the odd-one-out*
inventer *to invent*
l' inventeur *m* *inventor*
inviter *to invite*
irlandais *m*, **irlandaise** *f* *Irish*
l' **Irlande** *f* *Ireland*
l' **Italie** *f* *Italy*

J

j' *I*
    j'ai *I have*
    j'habite à Paris *I live in Paris*
jamais *never*
le **jambon** *m* *ham*
janvier *January*
le **Japon** *m* *Japan*
le **jardin** *m* *garden*
jaune *yellow*
je *I*
le **jeu** *m* *game, puzzle*
jeudi *Thursday*
les **jeunes** *mpl* *young people*
    le club des jeunes *youth club*
les **jeux** *mpl* *games*
    je joue aux jeux vidéo *I play computer games*
jouer 1 *to play*
    je joue au rugby *I play rugby*
    j'ai joué au football *I played football*
    je joue du piano *I play the piano*
    2 *to act out*
    joue le dialogue *act out the dialogue*
le **jour** *m* *day*
    le jour de l'an *New Year's Day*
joyeux *happy*
    Joyeux Noël! *Happy Christmas!*
le **judo** *m* *judo*
    je fais du judo *I do judo*
juillet *July*
juin *June*
jure: je jure *I swear*
le **jus** *m* *juice*
    un jus d'orange *orange juice*
juste *fair*

L

la **f** *the*
le lac *m* *lake*
le lait *m* *milk*
la **lampe** *f* *lamp*
la **langue** *f* *language*
le lapin *m* *rabbit*
le latin *m* *Latin*
le **m** 1 *the*
    2 *on, at*
    le 30 mars *on the 30th March*
    le week-end *at the weekend*
les **pl** *the*
la **lettre** *f* *letter*
lève: lève la main *put your hand up*
    je me lève *I get up*
la **ligne** *f* *line*
    les lignes en rouge *the lines in red*
la **ligue** *f* *league*
la **limonade** *f* *lemonade*
le lion *m* *lion*
lire *to read*
    lis! *read!*
    j'aime lire *I like reading*
    je lis beaucoup *I read a lot*
    lis, lit *read, reads*
la **liste** *f* *list*
le livre *m* *book*
logique *logical*

Londres *London*
long *m*, **longue** *f* *long*
le loto *m* *bingo*
    joue au loto *play bingo*
louer *to hire*
le loup *m* *wolf*
le Louvre *m* *name of a big museum in Paris*
lu *read*
lundi *Monday*
la **lune** *f* *moon*

M

m'appelle *am called*
ma *f* *my*
Madame 1 *Mrs* 2 *Madam*
Mademoiselle *Miss*
le magasin *m* *shop*
le **magnétoscope** *m* *video recorder*
mai *May*
la **main** *f* *hand*
    lève la main *put your hand up*
mais *but*
la **maison** *f* *house, home*
    à la maison *at home*
    je rentre à la maison *I go home*
malheureux *unhappy*
manger *to eat*
    on mange souvent *people often eat*
manque *is missing*
la **marche** *f* *walking*
    je fais de la marche *I go walking*
le marché *m* *market*
mardi *Tuesday*
marquer *to mark*
mars *March*
le **matériel** *m* *equipment*
la **matière** *f* *school subject*
le matin *m* *morning*
    le samedi matin *on Saturday mornings*
mauvaise: en mauvaise forme *in bad health*
le mécanicien *m* *mechanic*
les médias *mpl* *media*
médiéval *medieval*
la **Méditerranée** *f* *Mediterranean*
meilleur *best*
le **membre** *m* *member*
la **menthe** *f* *mint*
mentionner *to mention*
la **mer** *f* *sea*
merci *thank you, thanks*
    merci pour ta lettre *thanks for your letter*
mercredi *Wednesday*
la **mère** *f* *mother*
    mes *your (plural)*
le métro *m* *underground railway*
miam-miam! *yum, yum!*
midi *m* *midday*
    à midi *at midday*
mille *thousand*
les **millions (de)** *mpl* *millions (of)*
    minuit *m* *midnight*
    à minuit *at midnight*
le miroir *m* *mirror*
moderne *modern*

Glossaire français–anglais

moi *me*
  moi, ça va *me, I'm OK*
  chez moi *at my house*
moins *less*
  à huit heures moins le quart *at a quarter to eight*
  à onze heures moins vingt *at twenty to eleven*
le mois *m month*
mon *m my*
Monaco *m Monaco (tiny country on Mediterranean coast)*
le monde: tout le monde *everybody*
Monsieur 1 *Mr* 2 *Sir*
la **montagne** *f mountain*
monter en haut de *to go up*
le monument *m* historique *historical monument*
le mot *m word*
la **moto** *f motorbike*
les mots-croisés *mpl crossword*
le moulin *m* à café *coffee mill*
le mouton *m sheep*
mouvant: le sable mouvant *quicksand*
le musée *m museum*
la **musique** *f music*
le mystère *m mystery*

N

la **natation** *f swimming*
  je fais de la natation *I go swimming*
national *m*, **nationale** *f national*
  la fête nationale *national holiday*
la **nationalité** *f nationality*
naturellement *naturally, of course*
nécessaire *necessary*
la **neige** *f snow*
  les boules de neige *snowballs*
neuf *nine*
Noël *m Christmas*
  Joyeux Noël *Happy Christmas!*
  le Père Noël *Father Christmas*
noir *m*, **noire** *f black*
la **noisette** *f hazelnut*
le nom *m name*
  le nom de famille *surname, family name*
le nombre *m number*
non *no*
le nord *m north*
normalement *normally, usually*
la **Normandie** *f Normandy*
noter *to note*
  note! *note!*
Notre-Dame *name of the cathedral in Paris*
nous *we*
  nous avons *we have*
nul *bad, rubbish, awful*
  c'est nul *it's rubbish*
le numéro *m number*

O

l' objet *m object*
occuper *to occupy*
octobre *October*
l' oie *f goose*

on 1 *you* 2 *we* 3 *people*
  on dit…? *do they say..?*
  on peut *you can*
l' oncle *m uncle*
ont *have*
onze *eleven*
l' **option** *f option, alternative*
orange *orange (colour)*
l' **orange** *f orange (fruit)*
  un jus d'orange *orange juice*
l' orchestre *m orchestra*
l' ordinateur *m computer*
l' ordre *m order*
  dans le bon ordre *in the right order*
original (pl: originaux) *original*
l' **origine** *f*:
  d'origine africaine *of African origin*
ou *or*
  vrai ou faux? *true or false?*
  ou plus *or more*
où *where*
  où habites-tu? *where do you live?*
l' ouest *m west*
oui *yes*
ouvert *open*
ouvrez! *open!*

P

paie *pay, pays*
  je paie *I'm paying for*
la **paire** *f pair*
  trouve les paires *find the matching pairs*
le panorama *m view*
le papier *m paper*
  le papier hygiénique *toilet paper*
  une feuille de papier *sheet of paper*
par *by*
  par car-ferry *by car ferry*
  par exemple *for example*
  par jour *per day*
le parachutisme *m* ascensionnel *paragliding*
le paradis *m paradise*
le parc *m park*
  le parc d'attractions *theme park*
parce que *because*
  parce qu'il y a… *because there is…*
les parents *mpl parents*
parfois *sometimes*
le parfum *m flavour*
  quel parfum? *what flavour?*
parlant *who speak*
le Parlement européen *m European parliament*
parler (de) *to talk (about)*
  je parle français *I speak French*
le/la **partenaire** *m or f partner*
particulier: en particulier *in particular*
pas *not*
  je n'aime pas *I don't like*
  je ne joue pas d'un instrument *I don't play an instrument*
  pas de problème *no problem*
le passe-temps *m hobby*
  tu as un passe-temps? *do you have a hobby?*

la **passion** *f passion*
  la musique, c'est ma passion! *I'm wild about music!*
la **patinoire** *f skating rink*
la **pâtisserie** *f cake shop*
la **pause-déjeuner** *f lunch break*
payant *paying*
le pays *m country*
le pédalo *m pedal boat*
pendant *during*
le **père** *m father*
  le Père Noël *Father Christmas*
la **perle** *f pearl*
la **perruche** *f budgerigar*
la **personnalité** *f personality*
la **personne** *f person*
  deux personnes *two people*
personnel *personal*
  un dossier personnel *a personal file*
petit *m*, **petite** *f small, little*
le pétrole *m (crude) oil*
peut: on peut *you can*
  peut-être *perhaps, maybe*
la **phrase** *f sentence*
le piano *m piano*
la **pièce** *f room*
le pied *m foot*
  à pied *on foot*
le ping-pong *m table tennis*
  je joue au ping-pong *I play table tennis*
le pique-nique *m picnic*
  faire des pique-niques *to have picnics*
la **piscine** *f swimming pool*
la **pistache** *f pistachio (nut)*
pittoresque *scenic, picturesque*
la **pizza** *f pizza*
la **plage** *f beach*
la **planche à voile** *f windsurfing*
la **planète** *f planet*
la **plante** *f plant*
la **pluie** *f rain*
plumer *to pluck*
  je te plumerai… *I'll pluck…*
plus *more*
  plus haut *higher*
  plus de *more than*
  le plus populaire *the most popular*
le poète *m*, **la poétesse** *f poet*
la **poire** *f pear*
le poisson *m fish*
  les poissons tropicaux *tropical fish*
le politicien *m politician*
la **politique** *f politics*
le pont *m bridge*
populaire *popular*
le porc *m pork*
poser une question *to ask a question*
le poster *m poster*
pour *for*
pour cent *per cent*
le pourcentage *m percentage*
pourquoi? *why?*
le praliné *m rich nut flavour*
pratique *useful, handy*
pratiquer un sport *to do a sport*
préféré *m*, **préférée** *f favourite*
préférer *to prefer*
  tu préfères…? *do you prefer…?*
préhistorique *prehistoric*

premier *m*, **première** *f* first
le premier mai *the first of May*
prend *takes*
prennent le dîner *eat their dinner*
préparer *to prepare*
près de *close to, near*
présenter *to present*
le prix *m* 1 *price*
2 *prize*
le problème *m* *problem*
pas de problème *no problem*
le producteur *m* *producer*
le/la **prof** *m* or *f* teacher
le professeur *m* 1 *teacher*
2 *professor*
le profil *m* *profile*
le projecteur *m* *projector*
le projet *m* *project, plan*
la **promenade** *f* walk, outing
faire des promenades *to go for walks*
le pronom *m* *pronoun*
prononcer *to pronounce*
prononce! *pronounce!*
la **proportion** *f* (de) *proportion (of)*
la **publicité** *f* publicity, advertising
publique *public*
puis *then*
le pull *m* *pullover*

Q

quand *when*
c'est quand, ton anniversaire? *when's your birthday?*
quarante *forty*
le quart *m* *quarter*
onze heures moins le quart *a quarter to eleven*
le quartier *m* *part of the town*
quatorze *fourteen*
quatre *four*
quatre-vingts *eighty*
quatre-vingt-dix *ninety*
quel *m*, **quelle** *f* which?
quel âge as-tu? *how old are you?*
à quelle heure? *at what time*
quelle heure est-il? *what time is it?*
c'est quelle photo? *which photo is it?*
qu'est-ce que? *what?*
qu'est-ce que tu aimes? *what do you like?*
qui 1 *who*
c'est qui? *who is it?*
qui s'appelle *who is called*
2 *which*
quinze *fifteen*
quoi *what*
c'est quoi en français, 'gold'? *what's 'gold' in French?*

R

le racisme *m* *racism*
le radioréveil *m* *radio alarm*
le raï *m* *type of Algerian music*
raisonnable *reasonable*
le rap *m* *rap*
le rappeur *m* *rapper*
rarement *rarely*

la **réalité** *f*: en réalité *in reality*
la **recherche** *f* search
recopier *to copy*
recopie! *copy!*
la **récréation** *f* break (at school)
réécouter *to listen again*
le réfrigérateur *m* *fridge*
regarder *to watch, look at*
regarde! *look!*
la **règle** *f* (school) ruler
regrette: je regrette *I'm sorry*
rentrer *to go home*
répéter *to repeat*
répète! *repeat!*
répondre *to answer*
réponds aux questions *answer the questions*
la **réponse** *f* answer, response
rester *to stay*
le résultat *m* *result*
le retour *m* *return*
retrouver (se) *to meet*
on se retrouve où? *where shall we meet?*
je retrouve *I meet*
riche *rich*
ridicule *ridiculous*
rimer *to rhyme*
ça rime! *it rhymes!*
rincée *rinsed*
le roller *m*: faire du roller *roller skating*
romain *Roman*
une villa romaine *a Roman villa*
les Romains *mpl* *Romans*
rouge *red*
en rouge *in red*
royaliste *royalist*
le Royaume-Uni *m* *United Kingdom*
la **rue** *f* street
le rugby *m* *rugby*
je joue au rugby *I play rugby*

S

s'il te plaît *please (to friend)*
s'il vous plaît *please (to adult)*
sa *his, her*
le sable *m* *sand*
le sable mouvant *quicksand*
sage *well-behaved*
la **salle** *f* room
la salle à manger *dining room*
la salle de bains *bathroom*
le salon *m* *living room*
salut! *hi! hello!*
samedi *Saturday*
le sandwich *m* *sandwich*
un sandwich au fromage *a cheese sandwich*
le sanglier *m* *boar*
sans *without*
le sapin *m* *pine tree*
sauvegarder *to save*
les sciences *fpl* *science*
scolaire *school*
se trouve *is situated*
le seigneur *m* *lord*
la Seine *f* *name of the river in Paris*
seize *sixteen*
la **semaine** *f* week
pendant la semaine *during the week*
séparé *separated*
sept *seven*

la série *f* *series*
le serpent *m* *snake*
sert: on sert de l'alcool *alcohol is served*
le serveur *m* *waiter*
servez-vous! *help yourself!*
ses *his, her*
seule *single*
le shopping *m* *shopping*
je fais du shopping *I go shopping*
si *if*
sifflant *whistling*
qui s'en va sifflant *which whistles by*
signer *to sign*
similaire *similar*
le sirop *m* *cordial, sirop*
le site *m* *site*
le site web *website*
situé *m*, **située** *f* situated
six *six*
sixième 1 *sixth*
2 (= Year 7)
le ski *m* *skiing*
le ski nautique *water skiing*
la **sœur** *f* sister
le soir *m* *evening*
le soir *in the evening*
la **soirée** *f* party
soixante *sixty*
soixante-dix *seventy*
le soleil *m* *sun*
le sommaire *m* *summary*
sommes: nous sommes *we are*
son *his, her*
le sondage *m* *survey*
sont *are*
la sorcière *f* *witch*
la **sorte** *f* (de) sort (of)
la **sortie** *f*: sortie culturelle *cultural evening out*
le soulier *m* *shoe*
souligner *to underline*
sourd *deaf*
la **souris** *f* mouse
souvent *often*
sportif *m*, **sportive** *f* sports star
les sports nautiques *mpl* *water sports*
le stade *m* *stadium*
la star *f* (film, music) star
la **station** *f* de ski *ski resort*
la station de radio *radio station*
strict *m*, **stricte** *f* strict
le succès *m* *success*
le sucre *m* *sugar*
le sud *m* *south*
suis *am* je suis écossais(e) *I'm Scottish*
suisse *Swiss*
super *great*
super mal! *awful! rotten!*
le supermarché *m* *supermarket*
supplémentaire *supplementary, extra*
supporter *to support*
sur *on*
9 sur 10 *9 out of 10*
le surf *m* *surfing*
surfer *to surf*
le surfeur *m* *surfer*
surtout *especially*
sympa *nice*

Glossaire français–anglais

T

ta *f* your
le **tabac** *m* tobacco
la **table** *f* table
le **tableau** *m* de l'opticien *optician's board*
le **tambour** *m* drum
le **tambourin** *m* tambourine
la **tante** *f* aunt
    chez ma tante *at my aunt's*
taper *to type, key in*
le **tarif** *m* price list
le **taxi** *m* taxi
    en taxi *by taxi*
la **tchatche** *f* chatting on the Internet
te *you*
    je te change en chat! *I'll make you into a cat!*
la **technologie** *f* technology
la **télé** *f* TV
    à la télé *on TV*
téléphoner (à Léa) *to phone (Léa)*
le **temps** *m* time, season
le **tennis** *m* tennis
    je joue au tennis *I play tennis*
la **tente** *f* tent
le **terrain de football** *m* football ground
la **terrasse** *f* terrace, veranda
tes *your (plural)*
la **tête** *f* head
le **texto** *m* text message
le **thé** *m* tea
    le thé au citron *tea with lemon*
    le thé au lait *tea with milk*
le **thème** *m* theme, topic
toi *you*
    et toi? *what about you?*
    chez toi *at your house*
les **toilettes** *fpl* toilet
la **tomate** *f* tomato
tomber *to fall*
ton *m* your
tôt *early*
    trop tôt *too early*
toujours *always*
la **tour** *f* tower
    la tour Eiffel *Eiffel tower*
le **tour** *m* tour
    le tour de France *French cycling race*
le **tourisme** *m* tourism
    faire du tourisme *go sight-seeing*
le **touriste** *m* tourist
touristique *tourist, for tourists*
la **tournée** *f* (en) *tour (of)*
tout *m*, **toute** *f* all
    tout le monde *everybody*
traditionnel *traditional*
le **train** *m* train
    en train *by train*
travailler *to work*
treize *thirteen*
trente *thirty*
    trente et un *thirty-one*
très *very*
    très bien *very good*
tricolore *consisting of three colours*
trois *three*
la **trompette** *f* trumpet

trop *too*
    trop tôt *too early*
trouver *to find*
    trouve les paires *find the matching pairs*
tu *you*
    tu aimes *do you like?*
le **tuner** *m* (sur chaîne hi-fi) *radio part of a hi-fi*
la **Turquie** *f* Turkey

U

un *one*
un *m*, **une** *f* a, an
l' **uniforme** *m* uniform
l' **Union européenne** *f* European Union
unique *single*
    je suis enfant unique *I'm an only child*

V

va 1 *goes*
    qui s'en va sifflant *which whistles by*
  2 *go*
    ne va pas *don't go*
les **vacances** *fpl* holiday
    les grandes vacances *the summer holidays*
la **vache** *f* cow
vais *go*
la **vallée** *f* valley
la **vanille** *f* vanilla
varié *varied*
vas: tu vas parfois…? *do you sometimes go…?*
le **vélo** *m* bike, bicycle
    je fais du vélo *I go cycling*
vendredi *Friday*
venir *to come*
    tu veux venir? *would you like to come?*
le **vent** *m* wind
    le vent d'hiver *the winter's wind*
vérifier *to check*
    vérifie! *check!*
la **version** *f* anglaise *(film) in English*
vert *m*, **verte** *f* green
veux *want (to)*
    tu veux quels…? *which… would you like?*
la **viande** *f* meat
la **victoire** *f* victory
la **vidéo** *f* video
viens, viennent *come*
le **village** *m* village
la **ville** *f* town
    en ville *in town, to town*
le **vin** *m* wine
le **vinaigre** *m* vinegar
vingt *twenty*
    vingt et un *twenty-one*
    vingt-deux *twenty-two*
le **violon** *m* violin
le **violoncelle** *m* cello

la **visite** *f* visit
    une visite guidée *guided visit*
vive le vent *three cheers for the wind*
voici… *here is…*
voilà! *there you are!*
    voilà ma classe *here's my class*
vont *go, are going*
votre *your*
voudrais *would like*
    je voudrais *I'd like*
vous *you* (1 to adult
    2 to more than one person)
    je vous invite *I'll invite you*
le **voyage** *m* journey
la **voyelle** *f* vowel
vrai *true*
    vrai ou faux? *true or false?*
vu *seen*

W

le **week-end** *m* weekend
    le week-end dernier *last weekend*

Y

y *there*
    on y parle breton *people speak the Breton language there*

Z

le **zèbre** *m* zebra

Glossaire anglais–français

Stratégies! *Using the glossary*

Some words will need to be changed when you use them in a sentence, e.g.

- nouns: are they singular or plural?

  do you need the word for 'a' (*un* m, *une* f) instead of 'the' (*le* m, *la* f)?

- adjectives: masculine or feminine? singular or plural?

- verbs: check the grammar section for the endings you need.

A

a, an *un* m, *une* f
after *après*
afternoon *l'après-midi* m
   in the afternoon *l'après-midi*
airport *l'aéroport* m
also *aussi*
always *toujours*
am *suis* (see verb *être*, p129)
and *et*
April *avril*
are *sont* (see verb *être*, p129)
armchair *le fauteuil* m
arrive: I arrive *j'arrive*
at: 1 at my house *chez moi*
    2 at school *au collège*
    3 at home *à la maison*
August *août*
aunt *la tante* f
awful *nul* m, *nulle* f

B

bank *la banque* f
barbecue *le barbecue* m
basketball *le basket* m
   I play basketball *je joue au basket*
beach *la plage* f
because *parce que*
best: the best *le meilleur* m, *la meilleure* f
between *entre*
big *grand* m, *grande* f
bike *le vélo* m
   by bike *à vélo*
birthday *l'anniversaire* m
black *noir* m, *noire* f
blue *bleu* m, *bleue* f
book *le livre* m
boring: it's boring *c'est ennuyeux*
boy *le garçon* m
bridge *le pont* m
brother *le frère* m
brown *brun* m, *brune* f
bus *le bus* m
   by bus *en bus*
but *mais*
by: 1 by car *en auto*
    2 by bike *à vélo*

C

cake *le gâteau* m
camping: I go camping *je fais du camping*
campsite *le camping* m
car *l'auto* f
   by car *en auto*
cards: I play cards *je joue aux cartes*
castle *le château* m
cat *le chat* m
CD *le CD* m (pl *les CD*)
cheese *le fromage* m
child *l'enfant* m or f
   I'm an only child *je suis enfant unique*
chips *les frites* fpl
chocolate *le chocolat* m
choir *la chorale* f
church *l'église* f
coach *le car* m
coffee *le café* m
   a white coffee *un grand crème*
come: I come *je viens*
computer *l'ordinateur* m
   computer games *les jeux vidéo*
cost: how much does it cost? *c'est combien?*

D

day *le jour* m
dear *cher* m, *chère* f
dictionary *le dictionnaire* m
difficult *difficile*
do: I do *je fais* (see p129)
   I do my homework *je fais mes devoirs*
dog *le chien* m
don't: I don't like *je n'aime pas*
during *pendant*

E

each *chaque*
easy *facile*
eat: I eat *je mange*
eighty *quatre-vingts*
England *l'Angleterre* f
   in England *en Angleterre*
evening *le soir* m
everybody *tout le monde*
exercise book *le cahier* m

F

family *la famille* f
father *le père* m
favourite *préféré* m, *préférée* f
February *février*
fifty *cinquante*
first *premier* m, *première* f
fish *le poisson* m
flavour: what flavour? *quel parfum?*
foot *le pied* m
   on foot *à pied*
football *le football* m
   I play football *je joue au football*
football stadium *le stade* m *de football*
for *pour*
forty *quarante*
fountain *la fontaine* f
France *la France* f
   to France *en France*
French *français* m, *française* f
Friday *vendredi*
friend *copain* m, *copine* f
front: in front of *devant*
fun: it's fun *c'est amusant*

G

game *le jeu* m (pl *les jeux*)
   computer games *les jeux vidéo*
game console *la console* f *de jeux*
garden *le jardin* m
girl *la fille* f
give: I give *je donne*
go: I go *je vais* (see p129)
goodbye *au revoir*
great *super, génial*
green *vert* m, *verte* f
group *le groupe* m
gymnastics *la gymnastique* f
   I do gymnastics *je fais de la gymnastique*

H

half: at half-past six *à six heures et demie*
ham *le jambon* m
happy *joyeux* m, *joyeuse* f
   happy New Year! *bonne année!*
hard *difficile*
have: verb *avoir* (see p129)
he *il*

Glossaire anglais–français

hello **bonjour, salut**
here **ici**
hi **salut**
hire: I hire videos **je loue des vidéos**
hobby *le passe-temps* m
home 1 at home **à la maison**
    2 I come home **je rentre à la maison**
homework *les devoirs* mpl
horse *le cheval* m (pl *les chevaux*)
horse-riding *l'équitation* f
   I go horse-riding **je fais du cheval**
house *la maison* f
   at my house **chez moi**
how 1 **comment**
    2 how many? **combien?**
    3 how much is it? **c'est combien?**
hundred **cent**

I

ice cream *la glace* f
ice rink *la patinoire* f
in **dans**
   in London *à Londres*
interesting *intéressant* m, *intéressante* f
Ireland *l'Irlande* f
   in Ireland *en Irlande*
   in Northern Ireland *en Irlande du Nord*
is *est* (see verb **être** p129)
   it is (it's) *c'est*

J

January **janvier**
journey *le voyage* m
juice *le jus* m
   an orange juice *un jus d'orange*
July **juillet**
June **juin**

K

kitchen *la cuisine* f

L

last: last weekend **le week-end dernier**
lemon *le citron* m
less **moins**
lesson *le cours* m
library *la bibliothèque* f
like 1 I like **j'aime**
    2 I'd like **je voudrais**
    3 like a lion **comme un lion**
listen: I listen (to music) **j'écoute**
   (de la musique)
live: I live **j'habite**
London **Londres**
   in London *à Londres*
long *long* m, *longue* f
lost: I've lost **j'ai perdu**
lot: a lot (of) **beaucoup (de)**
loud *bruyant* m, *bruyante* f
lunch: I have lunch **je déjeune**

M

map *la carte* f
March **mars**
market *le marché* m
May **mai**
me **moi**
meat *la viande* f
milk *le lait* m
mint *la menthe* f
Miss **Mademoiselle** f
   (at school) **Madame**
Monday **lundi**
more **plus**
morning *le matin* m
mother *la mère* f
motorbike *la moto* f
mountain *la montagne* f
much: how much is it? **c'est combien?**
   I don't like cats much **je n'aime pas**
     beaucoup les chats
museum *le musée* m
music *la musique* f
must: I must **je dois**
my *mon* m, **ma** f, **mes** pl

N

near **près de**
never **jamais**
nice **sympa**
ninety **quatre-vingt-dix**
no **non**

O

of **de**
   of course **naturellement**
often **souvent**
OK **d'accord**
old *vieux* m, *vieille* f
   how old are you? **quel âge as-tu?**
or **ou**
other **autre**

P

park *le parc* m
   theme park *le parc d'attractions*
pen 1 biro *le bic* m
    2 fountain pen *le stylo* m
pencil *le crayon* m
perhaps **peut-être**
person *la personne* f
pet *l'animal* m (pl **les animaux**)
phone: I phone **je téléphone**
play: verb **jouer**
   I play tennis **je joue au tennis**
please **s'il te plaît** (to friend)
     s'il vous plaît (to adult)
post office *la poste* f
present *le cadeau* m
price *le prix* m

Q

quite **assez**

R

rabbit *le lapin* m
railway station *la gare* f
read: I read **je lis**
red **rouge**
rich **riche**
rock concert *le concert de rock* m
room *la chambre* f
rugby *le rugby* m
   I play rugby *je joue au rugby*

S

sailing *la voile* f
   I go sailing *je fais de la voile*
Saturday **samedi**
say: how do you say 'friend' in French?
   c'est quoi en français, friend?
school *le collège* m
   at school *au collège*
Scotland *l'Écosse* f
   in Scotland *en Écosse*
sea *la mer* f
seventy **soixante-dix**
she **elle**
shop *le magasin* m
singer *le chanteur* m, *la chanteuse* f
sister *la sœur* f
sixty **soixante**
skateboarding *le skateboard* m
   I go skateboarding *je fais du skateboard*
skating rink *la patinoire* f
ski: I go skiing **je fais du ski**
small *petit* m, *petite* f
snow *la neige* f
sofa *le canapé* m
some **des**
sometimes **parfois**
song *la chanson* f
soon **bientôt**
   see you soon *à bientôt!*
sorry **pardon**
Spain *l'Espagne* f
   to Spain *en Espagne*
spell: how do you spell it?
   ça s'écrit comment?
sport *le sport* m
stadium *le stade* m
stay: I stay (at home) **je reste** (à la maison)
story *l'histoire* f
strawberry *la fraise* f
street *la rue* f
stupid **stupide, bête**
subject: school subject *la matière* f
sugar *le sucre* m
Sunday **dimanche**
supermarket *le supermarché* m
swimming: I go swimming
   je fais de la natation
swimming pool *la piscine* f

Glossaire anglais–français

T

table tennis *le ping-pong* m
   I play table tennis *je joue au ping-pong*
take: I take *je prends*
tea *le thé* m
teacher *le/la prof* m or f
ten *dix*
tennis *le tennis* m
   I play tennis *je joue au tennis*
text message *le texto* m
thank you *merci*
that *ça*
the *le* m, *la* f, *les* pl
then *puis*
there is *il y a*
they *ils* m, *elles* f
thousand *mille*
Thursday *jeudi*
time: at what time? *à quelle heure?*
to 1 à to the cinema *au cinéma* m
        to choir *à la chorale* f
     2 to France *en France*
toffee *le caramel* m
too *also*
Tuesday *mardi*
TV *la télé* f
   I watch TV *je regarde la télé*

U

uncle *l'oncle* m
understand: I don't understand
   je ne comprends pas
usually *d'habitude*

V

very *très*
video *la vidéo* f
video recorder *le magnétoscope* m
video shop *la vidéothèque* f

W

Wales *le pays de Galles*
   in Wales *au pays de Galles*
walk: I go walking *je fais des promenades*
want: I want *je veux*
watch: I watch (TV) *je regarde* (la télé)
water *l'eau* f
we *nous*
Wednesday *mercredi*
week *la semaine* f
well *bien*
what 1 *qu'est-ce que*
     2 what is 'know' in French? *c'est quoi en français,* know?

when *quand*
where *où*
which? *quel* m, *quelle* f
white *blanc* m, *blanche* f
who *qui*
why? *pourquoi?*
with *avec*
   with me *avec moi*
word *le mot* m
write: I write *j'écris*

Y

year *l'an* m
   I'm 12 years old *j'ai 12 ans*
   I'm in Year 7 *je suis en sixième*
yellow *jaune*
yes *oui*
you 1 *tu*
     2 *vous*
young *jeune*
   young people *les jeunes* mpl
your *ton* m, *ta* f, *tes* pl
youth club *le club* m *des jeunes*

Common instructions in Voilà

Phrases

ajoute des détails — *add details*
c'est quelle photo? — *which photo is it?*
c'est qui? — *who is it?*
c'est quoi en français? — *what is it in French?*
complète les phrases — *complete the sentences*
dans le bon ordre — *in the right order*

écoute et lis — *listen and read*
écoute et répète — *listen and repeat*
écris les mots — *write the words*
écris les phrases — *write the sentences*
écris tes réponses — *write your own answers*
en anglais — *in English*
en français — *in French*

joue le dialogue — *act out the dialogue*
joue et adapte le dialogue — *act out and adapt the dialogue*
lis la lettre — *read the letter*
pose les questions à ton/ta partenaire — *ask your partner the questions*
recopie les mots — *copy the words*
regarde les images — *look at the pictures*
réécoute… — *listen to … again*
trouve les paires — *find the matching pairs*
vérifie avec ton/ta partenaire — *check with your partner*
vrai ou faux? — *true or false?*

Single words

aussi *too, as well*
avec *with*

le bon *the right*
la bonne *the right*

change *change*
choisis *choose*
complète *complete*
corrige *correct*

dans *in*
le dialogue *the dialogue*

écoute *listen*
écris *write*
et *and*

faux *false*

l' image *the picture*

un jeu *a game*
joue *play, act out*

la lettre *letter*
lis *read*

le mot *the word*

note *note down*

l' option *option, alternative*
ou *or*

la phrase *the sentence*
pour *for*
puis *then*

quel(s) *which / what*
quelle(s) *which / what*
qui *who*
quoi *what*

recopie *copy*
réécoute *listen again*
regarde *look at*
répète *repeat*
la réponse *the answer*

trouve *find*

vrai *true*

Acknowledgements

The authors and publisher would like to thank the following people, without whose support they could not have created Voilà! 1:
Julie Green for the development of the materials
Teresa Huntley, Nigel Bemrose and Claire Bleasdale for detailed advice throughout the writing
Steven Faux for providing the music and songs, with the help of Florence, Adèle, Max and Louise Wratten
Sara McKenna for editing the materials.

Front cover photograph courtesy of Corel 640 (NT)

Photographs courtesy of:

Les Editions Albert René/ Goscinny-Uderzo p 66 (top right); Bananastock P (NT) p 21 (1, 3–6); Martyn Chillmaid pp 3 (1–5), 8, 9, 11, 14, 16 (1), 18 (1), 24 (top), 26, 30 (2), 32, 34, 35 (bottom), 36–37, 38 (1), 43 (2, 4), 44 (1), 46, 49–50, 52 (1, 4, 8), 57 (1), 58, 61 (3), 62 (top), 63 (3, 4), 64 (1, 2, 3, 4, 6, 7, 9), 65, 67 (left), 70, 74 (bottom), 76, 80 (4–6, bottom), 82 (1,4,7), 84, 86, 88 (1, 4–12), 90, 98–102, 106 (1–3, 6–9), 107, 110 (top, bottom left), 114, 117; Corbis pp 6 (top left), 9, 79 (bottom left), 118 (5), R.W. Jones p 18 (8), Tim Davis p 18 (11), Rick Gomez p 24 (bottom), Nancy Ney p 43 (bottom right), David R. Soecklein Photography p 44, John Springer Collection p 63, James Nazz p 112 (2), Owen Franken p 118 (1); Corel 21, 76, 96, 250, 259, 284, 325, 328, 397, 449, 457, 527, 575, 743 (NT) pp 25 (2–3), 55, 112 (4), 55, 35 (top right), 38 (top left), 22, 6 (bottom right), 7 (bottom left), 61 (centre), 119 (2), 6 (bottom left), 6 (top right),118 (4), 43 (1,3), 75 (1), 82 (top right), 63 (centre left); Digital Stock 6 (NT) p 67 (top right); Digital Vision 2, 11, 12, XA (NT) pp. 12 (2, 6), 52 (6,70), 119 (1), 118 (2), 113; Jeremy Woodhouse/Digital Vision WT (NT) p 12 (4); Gerry Ellis/Digital Vision JA (NT) p 25 (bottom left); Brendan Byrne/Digital Vision SD (NT) p 30 (top); Ecoscene/Pete Cairns p 25 (2); EMPICS p 85 (top right); Eurostar p 56; Famous/Gig, Rob Howard, Fred Duval, Visual pp 73 (top right), 73 (top left), 75 (bottom right), 79 (top right); Getty p 64 (5); Keith Gibson www.photosfromfrance.co.uk pp 7 (main), 16 (2), 21 (2), 45, 48, 52 (3, 9), 57 (2), 61 (1, 5), 64 (8), 82 (3,4, 6), 85 (left), 88 (2,3), 106 (4,5), 112 (1, 5, 6), 119 (5), 123; Images of France 4 (NT) p 39; Ingram Publishing ILV (NT) pp 12 (1,3), 18 (6), 118 (3); René Morin p 66 (top left); photos.com pp 3, 25, 40, 52 (2, 5), 119 (3), 109; Photodisc 16, 17, 33, 37, 50 (NT) pp 54 (2,3), 7 (right), 110 (bottom right), 54 (1, 4), 75 (4), 12 (5), 18 (1–5, 8); Richard Young/Rex Features p 17; Mike Lane/RSPCA Photolibrary p 18 (9); Stockbyte 30, 35, 36 (NT) pp 75 (1,2), 80 (1–3,7), 112 (3).

Every effort has been made to trace all copyright holder, but where this has not been possible the publisher will be pleased to make the necessary arrangements at the first opportunity.

The authors and publishers would also like to thank all the children who modelled for these pictures especially: Victor Polfliet, Hélène Bonte, Melodie Cogez-Bieniek, Gautier Windels and for the tremendous help given by their families; the Schools: Collège Privé Sainte Marie, Roubaix; Collège Notre Dame Immaculée, Tourcoing; and all the businesses and institutions featured especially: Le BIJ de Tourcoing; La Librairie MAJUSCULE, Tourcoing; La Médiathèque Municipale, Tourcoing; Temps Danse Urbaine, Lille; Camping Les Ramiers, Bondues; Café du Bailly, Tourcoing.

Recorded at Air Edel, London with Daniel Pageon, Caroline Crier, Lelani Abey, Lucile Aucomte, Jamie Harper, Lola de la Mata, Charles Sanders, Maxime Tokunaga and Sabine Williams; produced by Frances Ratchford, Grapevine Productions.